O CÓDIGO DA LIDERANÇA ASSERTIVA

VERA MARTINS

O CÓDIDO DA LIDERANÇA ASSERTIVA

A chave para o líder equilibrar humanização com resultados sustentáveis

ALTA BOOKS
GRUPO EDITORIAL

O código da liderança assertiva

ISBN: 978-85508276-67

Impresso no Brasil — 1ª Edição, 2025 — Edição revisada conforme o Acordo Ortográfico da Língua Portuguesa de 2009.

Dados Internacionais de Catalogação na Publicação (CIP)

M385c
1. ed. Martins, Vera
O código da liderança assertiva : a chave para o líder equilibrar humanização com resultados sustentáveis / Vera Martins – 1. ed. Rio de Janeiro : Alta Books, 2025.
264 p.; il.; 16 x 23 cm

Bibliografia.
ISBN 978-85508276-67

1. Liderança. 2. Assertividade (Psicologia). 3. Comunicação. organizacional 4. Inteligência emocional. 5. Gestão de pessoas. I. Título.

CDD 658.4092
CDU 658.012.4

Produção Editorial: Grupo Editorial Alta Books
Diretor Editorial: Anderson Vieira
Editor da Obra: J. A. Ruggeri
Vendas Governamentais: Cristiane Mutüs

Produtor Editorial:
Fonte Editorial

ALTA BOOKS
GRUPO EDITORIAL

Rua Viúva Cláudio, 291 — Bairro Industrial do Jacaré
CEP: 20.970-031 — Rio de Janeiro (RJ)
Tels.: (21) 3278-8069 / 3278-8419
www.altabooks.com.br — altabooks@altabooks.com.br
Ouvidoria: ouvidoria@altabooks.com.br

Editora **afiliada à:**

ASSOCIADO CBL Câmara Brasileira do Livro

Agradecimentos

Escrever um livro é uma jornada intensa, e ao final dela, há muitas pessoas queridas a quem devo minha gratidão. Cada livro é um filho especial, e este nasce e floresce como fruto de muito estudo, incontáveis experiências vividas e uma profunda empatia pelos líderes que conheci ao longo das quatro décadas em que estou no mundo corporativo. Penso em todas as pessoas que torceram para que este projeto se tornasse realidade, vibrando para que ele fosse robusto e cheio de vida. Essa energia positiva foi essencial para traduzir em palavras *insights* criativos, inovadores e sustentáveis.

Agradeço ao Pedro Schildknecht, Latin America General Manager & Wound Care Business Director na Mölnlycke do Brasil, pela dedicação e seriedade com que leu esta obra e pelo prefácio inspirador que nos presenteou. Disse a ele que quem ler suas palavras ficará curioso para mergulhar no livro – e que maravilha que seja assim! Trabalhei em uma jornada comunicacional com os gestores da Mölnlycke e tive a felicidade de encontrar no Pedro o maior patrocinador e parceiro na condução desse processo, o que resultou em impactos excepcionais. Quero destacar que ao lado dele estava a querida Daniela Pereira, Head do RH, dando-me feedbacks constantes e apoiando no alinhamento às necessidades da empresa.

Agradeço ao José Augusto Minarelli, autor de diversas obras, presidente da Lens & Minarelli Associados e presidente do concelho do CIEE, pelo carinho com que aceitou fazer o posfácio deste livro. Tenho uma enorme admiração pelo Minarelli, por tudo que ele agregou e ainda vem contribuindo ao desenvolvimento humano, sendo uma referência na comunidade de recursos humanos e precursor do processo de *outplacement* no Brasil. Como meu mentor, acompanhou de perto minha trajetória profissional e, até o momento, continua fazendo a diferença em minha vida.

Meu agradecimento ao admirável jovem empresário e mentor, com seu espírito criativo e empreendedor, João Marcelo Furlan, que dedicou palavras generosas na apresentação deste livro. João Marcelo é fundador da Rocket Mentoring School, Huboo.AI e Enora AI Leaders Academy. Autor do *best-seller Flaps! Liderança Adaptágil*, é especialista internacional em liderança, neurociência e inteligência artificial aplicada ao desenvolvimento humano. Seu trabalho, marcado por inovação e impacto, tem inspirado muitas pessoas a se tornarem líderes mais humanos e preparados para os desafios da era digital.

Expresso minha gratidão ao Alexandre Dedavid, que aceitou prontamente o convite para ser leitor crítico desta obra. Com um olhar perspicaz, percebeu cada detalhe do conteúdo e fez sugestões valiosas para o aprimoramento dos textos. Mesmo em viagem a Luxemburgo, manteve-se comprometido com a revisão, o que demonstra sua dedicação e paixão por conectar pessoas, tecnologia e propósito. Com uma trajetória de mais de vinte anos no universo digital, Alexandre alia inovação, dados e impacto real em tudo o que faz. Como mentor, tem ajudado profissionais a destravarem seu potencial, redefinirem suas carreiras e liderarem com mais autenticidade.

Minha profunda gratidão à Maria Angélica Castellani, parceira e amiga argentina, cujo olhar crítico e expertise foram essenciais para a qualidade final deste livro. Maria Angélica tem ampla trajetória na Gestão de Projetos, Portfólio de Projetos e Processos e é referência na implantação de OKR, auxiliando empresas a alinhar estratégias e alcançar resultados concretos. Atualmente, lidera a FIXE Consulting & Training, oferecendo consultoria em transformação organizacional com OKR. Seu apoio inestimável foi fundamental nesta jornada.

Agradeço à Vera Costa, amiga e colega de longa data, que também colaborou com esta obra ao revisá-la com seu olhar criterioso. Trabalhamos juntas em Recursos Humanos, e desde então, tenho enorme apreço por sua trajetória brilhante. Hoje, como Board Member, *coach*, consultora e mentora em mediação de conflitos, continua a impactar positivamente o mundo corporativo.

Agradeço ao parceiro Fabiano Lemos que direto de Uberlândia, abrilhantou esta obra com sua criatividade para criar as ilustrações que deram um toque mais leve e descontraído.

Sou imensamente grata ao meu editor, José Antonio Ruggeri, a quem tenho um carinho especial. Desde meu primeiro livro, ele me acompanha e orienta com maestria em todo o processo de publicação.

Quero agradecer aos meus filhos, André e Marcelo, dois homens municiados por fortes valores humanos, e que sempre acreditaram na minha sensibilidade para apoiar o desenvolvimento de pessoas e para escrever este livro.

Meu agradecimento sincero aos meus clientes, alunos, mentorados e coachees. Vocês fizeram parte da minha trajetória e, em algum momento de suas vidas, me permitiram compartilhar um pouco do meu conhecimento e propósito. Obrigada por me permitirem contribuir para o desenvolvimento de cada um de vocês.

Gratidão a todos!

Vera Martins

SUMÁRIO

Prefácio

Imagine liderar uma equipe onde a transparência e a empatia não são discursos vazios, mas ferramentas diárias que transformam conflitos em oportunidades.

Imagine o processo de resolução de problemas diários como fonte de discussões conclusivas, construtivas e de criatividade.

Imagine seu time se sentindo dono de seu negócio e buscando cada vez mais melhorar sua performance por automotivação.

Esta imaginação é muito real nas mãos de líderes assertivos e este livro irá ajudar a "quebrar o código" para o uso desta fórmula mágica.

Em 2024, durante um momento crítico na empresa, decidi incorporar o método de gestão por OKRs, ou seja, Objetivos e Resultados-Chave, buscando maior alinhamento e foco da equipe. Esse método exige um alto nível de maturidade no time, pois incorpora discussões transparentes sobre a execução estratégica dos objetivos da organização. Um verdadeiro esporte em equipe.

Durante a implementação do método, o primeiro e maior obstáculo surgiu: não tínhamos desenvolvido a habilidade de **comunicação assertiva** entre nós, ou seja, tínhamos dificuldade em resolver conflitos com segurança e eliminar barreiras para a colaboração produtiva. E sem isso, todo o plano de gestão por OKRs estaria fadado ao fracasso, ou pior, seria transformado em uma ferramenta de gestão de performance que priorizaria o resultado mediano contra um objetivo conservador ao invés de ser uma inspiração a objetivos desafiadores suportada por uma execução colaborativa.

Neste contexto, percebi a importância de engajar meu time da forma correta, não apenas para alcançar resultados numéricos, mas sim para que se sentissem verdadeiramente conectados com o negócio e para que se percebessem como donos da estratégia. E esta necessidade somente seria solucionada por uma liderança capaz de utilizar a assertividade como ferramenta, com comunicação clara e objetiva, equilíbrio emocional e respeito, gerando confiança na organização. O sucesso veio com o desenvolvimento dos líderes em torno de suas habilidades em adequar seus estilos de liderança e de comunicação ao momento, aos seus pares e aos seus times. Com esta humanização da liderança, o time se beneficiou de um ambiente com melhor segurança psicológica e aumentou significantemente o seu nível de comprometimento com a execução da estratégia. Definitivamente, uma experiência incrível do poder da liderança assertiva.

Minha jornada com a assertividade teria sido muito mais complexa se não tivesse recebido o apoio da Vera Martins, que esteve presente em todos os momentos de transformação. Com mais de quatro décadas de vivência em recursos humanos, experimentando as dificuldades das relações humanas em primeira mão, a Vera se especializou em medicina comportamental e neurociência, se tornando uma das maiores referências em comunicação assertiva no Brasil. Sua experiência prática dos desafios vividos por líderes ao buscar a assertividade ensina mais do que qualquer MBA.

Esta obra, *O Código da Liderança Assertiva*, conecta os conceitos já estabelecidos de assertividade com ferramentas modernas de autoavaliação e autopercepção, permitindo ao leitor navegar dentro de si identificando comportamentos importantes para alcançar um melhor nível de assertividade em suas interações. De maneira muito didática, o livro proporciona um passo a passo para seu desenvolvimento e a possibilidade de compreender os vieses pessoais que sabotam a capacidade humana de se comunicar assertivamente.

Prepare-se para mergulhar no paradoxo da empatia resolutiva: ser transparente e resolutivo ao mesmo tempo, em que se entende as necessidades de inclusão, controle e afeto de seu interlocutor. Conheça os seus sabotadores e outros elementos que criam barreiras para o uso correto de sua inteligência emocional. E venha desfrutar de um dos momentos mais emocionantes da interação humana com um propósito: A dança assertiva! Como qualquer dança, é importante aprender os passos, mas depois que se aprende, basta ouvir a música e os movimentos são naturais.

Este não é mais um livro sobre gestão ou sobre autoajuda. Cada capítulo foi desenhado como um laboratório prático: você encontrará exercícios de autoavaliação, roteiros para conversas difíceis e até um guia para montar seu plano de desenvolvimento pessoal.

Descobrir *O Código da Liderança Assertiva* exige coragem para substituir "sempre foi assim" por "e se tentássemos diferente?". Ao final desta jornada, você não terá todas as respostas - mas terá as perguntas certas. Meu maior desejo é que estas páginas sejam suas companheiras de consulta nos dias desafiadores, lembrando que liderar com assertividade é, acima de tudo, um ato de respeito: por sua equipe, por seus valores e por seu potencial transformador.

Pedro Schildknecht

Latin América General Manager & Wound Care Business Director

Mölnlycke do Brasil

Apresentação

Escrever esta apresentação para o novo livro de Vera Martins é, acima de tudo, uma honra e uma manifestação genuína da minha profunda admiração por seu trabalho e trajetória. Como seguidor e admirador de Vera há muitos anos, sinto-me privilegiado por poder introduzir uma obra que certamente se tornará referência para líderes e profissionais que buscam se aperfeiçoar continuamente.

Desde que conheci o trabalho de Vera Martins, fiquei impressionado com sua capacidade singular de traduzir conceitos complexos de comunicação, liderança assertiva e gestão emocional em orientações práticas e transformadoras. Seus livros anteriores foram fonte de apoio e inspiração para meus relacionamentos profissionais, bem como para que eu pudesse expor mais minhas emoções em relacionamentos também pessoais, gerando vínculos e sendo mais assertivo em minha comunicação. Por isso, apresentar esta nova obra de Vera é mais do que uma tarefa; é uma oportunidade de retribuir a inspiração e os ensinamentos que tanto me influenciaram.

Em *O Código da Liderança Assertiva*, Vera oferece uma verdadeira jornada, conduzindo o leitor por caminhos de autoconhecimento, comunicação assertiva e liderança empática. Sua abordagem é clara, objetiva e profundamente humana, demonstrando mais uma vez sua habilidade excepcional em conectar a teoria com as práticas cotidianas de quem lidera ou deseja liderar com excelência.

Vivemos tempos desafiadores, onde as transformações ocorrem em velocidade acelerada e exigem dos líderes mais do que apenas competência técnica. Neste cenário, a contribuição da nova obra de Vera é ainda mais relevante, pois traz ao centro da discussão as competências que realmente fazem diferença: a habilidade de construir relações maduras e de confiança, a capacidade de se adaptar rapidamente às mudanças, e, sobretudo, a inteligência emocional para liderar com sabedoria e humanidade.

Tenho convicção de que o impacto desta nova obra transcenderá as páginas do livro. Ela é um verdadeiro chamado à ação para líderes que desejam transformar suas equipes e organizações através da assertividade, do propósito e do respeito às necessidades humanas mais profundas.

Recomendo esta leitura não apenas por admirar profundamente a "antenada" autora (se quiser entender mais, corra para o capítulo 7), mas por acreditar genuinamente no potencial transformador que seus ensinamentos carregam.

Acredito que este livro é especialmente valioso para preparar você, leitor, para exercer uma liderança assertiva e humanizada em tempos profundamente influenciados pela inteligência artificial. Em um cenário onde máquinas e algoritmos ocupam cada vez mais espaço, são justamente as habilidades humanas, como comunicação assertiva, empatia e gestão emocional, que farão toda a diferença. Tenho certeza de que, assim como eu, você encontrará neste livro um caminho claro e inspirador para desenvolver sua liderança, melhorar suas relações interpessoais e alcançar resultados extraordinários na era da IA.

Que você desfrute desta jornada transformadora tanto quanto eu desfrutei ao acompanhar e aprender com a trajetória admirável desta líder adaptágil, Vera Martins.

Com admiração,

João Marcelo Furlan

Fundador da Rocket Mentoring School, Huboo.AI e Enora AI Leaders Academy

Autor do best-seller *Flaps! Liderança Adaptágil*

Introdução

O que nos torna humanos é cuidar das pessoas

Em 2005, publiquei meu primeiro livro, *Seja Assertivo!*, para levar a todos os leitores uma habilidade essencial para a vida e o trabalho: a comunicação assertiva. Naquela época, meu foco era ensinar como expressar ideias e sentimentos com clareza e respeito, transformando as relações pessoais e profissionais em boas conexões, com bons diálogos. Desde então, os fundamentos da assertividade permaneceram poderosos na mesma medida em que os desafios do mundo corporativo evoluíram profundamente.

Recentemente, fiz uma pergunta para dez CEOs de diferentes setores: "Qual é o maior desafio no contexto atual?". Todos responderam, sem exceção: "Garantir a margem de lucro esperada e conseguir o equilíbrio entre o foco no resultado e no cuidado com as pessoas em um contexto volátil, incerto, complexo e ambíguo."

Isso ficou martelando na minha cabeça, porque, nas mentorias que tenho conduzido, venho constatando que este conflito não está restrito apenas ao C-Level. Ele tem aparecido em diferentes camadas da organização, e a maioria dos gestores pende mais para o resultado, por conta da pressão constante que sofrem.

Aí surge aquela dúvida que muitos gestores têm, mas poucos falam abertamente e que tem sido motivo da minha busca constante em meus estudos para responder à seguinte questão: *Como devo liderar, pelo amor ou pela dor?*

Recentemente estava lendo uma pesquisa feita pela empresa Robert Half e divulgada pelo site mundorh.com.br sobre as três competências mais valorizadas em líderes no mundo corporativo atual, e o resultado confirmou o que venho constatando na minha experiência como mentora e consultora em processos de mudança nas organizações. São três as competências que também considero a base de sustentação da excelência na liderança que, sem elas, o líder não consegue atingir resultados extraordinários com sua equipe: inteligência emocional, comunicação assertiva e mentalidade ágil.

Segundo a pesquisa:

78% dos líderes brasileiros acreditam que cuidar do bem-estar emocional das equipes será fundamental para o sucesso empresarial.

67% das empresas estão priorizando líderes com alta capacidade de comunicação assertiva, especialmente em cenários de mudanças e incertezas.

A pesquisa mostra que a mentalidade ágil será um dos pilares que guiarão a liderança daqui para frente. Esta competência, que envolve o aprendizado contínuo e a busca por soluções inovadoras, será um diferencial competitivo. Líderes que conseguem se adaptar e promover transformações dentro de suas organizações estarão à frente no mercado.

Liderar nunca foi tão desafiador. As organizações exigem resultados cada vez mais rápidos, os times estão mais diversos e as pressões por inovação e eficiência não param de crescer. Para dar conta dessa demanda, o mundo corporativo precisa de líderes que unam habilidades humanas e técnicas para criar ambientes de trabalho mais inclusivos, inovadores e resilientes. Nesse cenário, como um líder se comunica, toma decisões e cuida da sua equipe, pode ser o diferencial entre o sucesso e o fracasso.

Mas qual é o estilo de liderança que equilibra resultado e o cuidado com as pessoas? Como promover a cultura do cuidado com as pessoas sem perder de vista a entrega dos resultados?

A resposta está na Liderança Assertiva que consegue englobar as três competências essenciais mais demandadas: inteligência emocional, comunicação assertiva e mentalidade ágil.

A Liderança Assertiva não é um modelo rígido nem uma fórmula mágica, mas um estilo que comunica suas ideias com firmeza, transparência e acolhimento, sem ser agressivo ou passivo; sabe ouvir, negociar, motivar e tomar decisões sem medo de desagradar, mantendo o foco na construção de um ambiente produtivo e saudável.

Ao longo da minha experiência como mentora de líderes, percebo que muitos profissionais ainda enfrentam desafios comuns, como insegurança ao dar feedbacks, como dizer não e estabelecer limites, medo de parecer autoritário ou, ao contrário, de serem vistos como frágeis. Fracassam ao tentar uma mudança de comportamento do time porque não tem um método eficaz e também não possui uma comunicação estratégica para influenciar as pessoas. O que falta para esse líder conquistar autoridade sem precisar impor medo? Para transformar um time reativo em uma equipe engajada e protagonista? Falta uma qualidade importante: Entender a si para entender como as outras pessoas funcionam, falta autoconhecimento.

Este livro foi escrito para responder a essas perguntas e, mais do que isso, para fornecer um código prático de Liderança Assertiva. Aqui, você encontrará conceitos embasados em neurociência, filosofia estoica, psicologia cognitiva comportamental, psicologia positiva, psicologia organizacional e na minha experiência real no mundo corporativo. Vamos decodificar os segredos da liderança assertiva e aprender como transformar comportamentos e mentalidades para alcançar alta performance com respeito e propósito.

Este livro oferece um guia prático e inspirador para líderes que desejam transformar suas equipes e a si, construindo conexões autênticas e alcançando resultados extraordinários. Vamos dizer o que fazer e mostrar como fazer, utilizando uma comunicação assertiva no processo de influência do time, com maturidade emocional, baseada em uma mentalidade ágil.

Nosso propósito é formar líderes que cultivem uma cultura de cuidado com as pessoas, sem perder o foco nos resultados. Para isso, aplicamos quatro princípios essenciais, inspirados em grandes referências da liderança e gestão, como Peter Drucker, Jim Collins, W. Edwards Deming, Simon Sinek e outros.

Princípio 1: **O gestor cuida de pessoas**, colocando-o no papel de facilitador e não simplesmente um cobrador de resultados.

Princípio 2: **As pessoas cuidam dos processos**, o que implica em dar autonomia e responsabilidade à equipe, que, tratadas com confiança e respeito, tendem a assumir responsabilidades naturalmente e melhorar os processos continuamente.

Princípio 3: **Os processos são executados com excelência,** o que reflete a importância da melhoria contínua e gestão da qualidade, garantindo resultados consistentes e gerando orgulho e satisfação nas pessoas pelo impacto do seu trabalho.

Princípio 4: **O resultado é consequência disso tudo**, sugerindo que resultados vêm como uma consequência natural de práticas de liderança saudáveis e baseadas em propósito e valores.

Queremos apresentar a liderança assertiva como uma ferramenta indispensável para colocar em prática as habilidades mais relevantes do líder neste mundo cada vez mais acelerado e desafiador.

Um problema recorrente é que muita gente ainda confunde o conceito da assertividade na liderança. Tem quem ache que ser assertivo é ser duro, direto, quase frio. Outros acreditam que, para não serem agressivos, preferem adotar o estilo "líder bonzinho". No final das contas, essa confusão deixa muitos gestores inseguros e presos na dúvida entre focar em resultados ou cuidar das pessoas.

Para analisar a mentalidade assertiva, vamos estabelecer uma conversa direta com você, líder, que deseja ser mais do que um gestor de tarefas. Se você busca respostas sobre questões como influenciar positivamente, resolver conflitos com segurança, ter conversas difíceis bem produtivas, equilibrar resultados e pessoas e alcançar resultados extraordinários, saiba que esta é a nossa proposta. Aqui, você encontrará estratégias práticas e reflexões profundas sobre como liderar assertivamente em um cenário repleto de transformações, alta competitividade e expectativas crescentes.

Mostraremos como uma comunicação com significado pode permear todos os níveis da empresa, garantindo a compreensão de objetivos, alinhamento de expectativas e um ambiente seguro para as pessoas se mostrarem na sua essência, no seu potencial maximizado.

Este livro é um convite para repensar sua comunicação, suas escolhas e sua influência como líder no mundo de hoje. Iremos mergulhar na neurociência para entender como a autoconfiança, empatia, motivação, foco/atenção e a cooperação podem ser potencializados no cérebro humano, além de desvendar os mecanismos do cérebro do líder que impulsionam o engajamento da equipe.

Abordaremos também a arte de criar um ambiente de confiança e alinhamento, características de equipes bem-sucedidas e sustentáveis. Queremos, sim, comprovar que confiança, direcionamento e comunicação assertiva são ingredientes essenciais para formar equipes maduras, colaborativas e alinhadas.

Por outro lado, não fugiremos dos desafios, vamos discutir como as crenças limitantes, os sabotadores internos e os vieses cognitivos influenciam os pensamentos e sentimentos, distorcendo as percepções e impactando as decisões de um líder. Faremos sugestões para identificá-los e estratégias para superá-los.

A proposta é oferecer uma leitura leve, repleta de *insights* e ferramentas práticas, que você possa aplicar de imediato no seu trabalho. Este é um guia para líderes que desejam ir além, transformando não apenas suas equipes, mas também a si.

O que vamos tratar neste livro?

Capítulo 1. Desvendando o conceito de assertividade

Neste capítulo, exploramos o que é a assertividade e como ela se diferencia de comportamentos agressivos ou passivos. O leitor compreenderá que a base da assertividade está na autenticidade e na autoaceitação, permitindo uma comunicação clara e respeitosa. Também discutimos a importância da verdade nas relações e como empresas que incentivam a assertividade criam ambientes mais produtivos e saudáveis. Além disso, apresentamos o conceito de comunicação assertiva e o acrônimo LIVRES, que orienta a aplicação prática dessa habilidade no dia a dia profissional.

Capítulo 2. Liderança assertiva: a força do equilíbrio nos novos tempos

O capítulo explora a importância da liderança assertiva no contexto corporativo atual, caracterizado por um ambiente VUCA (volátil, incerto, complexo e ambíguo). Apresenta as dez habilidades essenciais do líder assertivo para navegar nesse contexto, destacando a liderança assertiva na humanização das relações no ambiente de trabalho, atuando como antidoto na prevenção e tratamento da saúde mental. A neurociência é usada para explicar o impacto do cérebro defensivo (modo de sobrevivência) e do cérebro assertivo (modo consciente) no comportamento do líder e na sua influência sobre a equipe. Outro ponto abordado é a química do engajamento, que envolve neurotransmissores e hormônios da motivação e recompensa, conexão, compaixão, empatia, confiança e da gestão do estresse.

Capítulo 3. Lentes da Percepção: a visão que define o líder

O capítulo aborda como as lentes da percepção moldam como líderes interpretam e interagem com o mundo. A escolha da lente influência diretamente a comunicação do líder, que pode assumir diferentes intenções com diferentes resultados na conexão com seu interlocutor.

O capítulo destaca que a lente preferida do líder assertivo *é a* lente da potência, que contribui para a regulação de suas emoções, escolhas conscientes e uma comunicação ética e transparente, fortalecendo a equipe por vínculos de confiança que impulsionam o desempenho coletivo. O capítulo propõe, ainda, uma autoavaliação para que o leitor identifique qual lente tem utilizado e como pode ajustá-la para se tornar um líder mais assertivo e eficaz.

Capítulo 4. Amor ou dor: Qual é o seu estilo de liderança?

O capítulo aborda a diferença entre liderar pelo amor e liderar pela dor, destacando o impacto que essas abordagens têm no engajamento e na motivação da equipe.

Explora os conceitos das necessidades sociais de inclusão, controle e afeto, de Will Schutz, na obra *Profunda Simplicidade – Uma Nova Consciência do Eu Interior,* como base para explicar como o líder estimula uma gestão pelo amor ou pela dor. Quando essas necessidades são atendidas, os colaboradores desenvolvem autoconfiança, autoestima e engajamento. No entanto, quando são ignoradas, podem agir pelo medo da exclusão, humilhação e rejeição. No final, o capítulo propõe uma reflexão sobre o estilo de liderança, incentivando o líder a avaliar como suas atitudes impactam o ambiente de trabalho e a decidir se deseja ser um líder que constrói e motiva, ou que controla e desmotiva.

Capítulo 5. Comunicação com propósito: a dança assertiva

O capítulo explora a comunicação assertiva como ferramenta essencial para a liderança e que não basta apenas domínio técnico para o sucesso profissional, é preciso inspirar, o que ocorre quando o líder alinha seu propósito ao da equipe, criando engajamento e motivação autênticos. Para facilitar esse processo, o capítulo apresenta o conceito da Dança Assertiva, uma abordagem dinâmica que ensina os líderes a adaptar sua comunicação conforme a situação. Apresenta também o desafio da diversidade geracional, mostrando como líderes devem ajustar sua comunicação para lidar com diferentes gerações. A adaptação do estilo comunicacional é essencial para transformar conflitos geracionais em oportunidades de colaboração e inovação.

Capítulo 6. Confiança: o elo da conexão humana

A confiança é apresentada como um salto seguro no desconhecido, que exige vulnerabilidade e abertura, e é baseada em atitudes de integridade, transparência e respeito mútuo. A partir dos "Quatro Acordos dos Toltecas", o capítulo enfatiza a importância de ser impecável com a palavra, não levar as coisas para o lado pessoal, não tirar conclusões precipitadas e sempre dar o melhor de si. O capítulo propõe também reflexões sobre o nível de confiança dentro das equipes e sugere um teste baseado nas dez ações essenciais para desenvolver a confiança, ajudando os líderes a identificar pontos de melhoria para criar times mais fortes e alinhados.

Capítulo 7. Adaptar-se para liderar: o poder da flexibilidade cognitiva

O capítulo explora a flexibilidade cognitiva **e a** adaptabilidade como habilidades essenciais para a liderança no mundo atual, marcado por mudanças rápidas e constantes, impulsionadas pela inovação tecnológica. O capítulo apresenta a *Matriz de Flexibilidade e Adaptação à Mudança* criada pela autora que categoriza os profissionais em quatro perfis: O

Enraizado – O Impulsivo – O Desorientado – O Antenado. Além disso, o capítulo relaciona o processo de adaptação ao modelo dos quatro estágios da competência, de Noel Burch. O capítulo finaliza com reflexões práticas para que os líderes avaliem sua própria capacidade de adaptação e apliquem a flexibilidade cognitiva e a adaptabilidade no dia a dia, tornando suas equipes mais ágeis e preparadas para o futuro.

Capítulo 8. Como ajudar a equipe na mudança de comportamento

O capítulo mostra que a mudança do comportamento depende da automotivação do colaborador, cabendo ao líder estimulá-lo para assumir responsabilidade pelo seu próprio crescimento e vontade de corrigir seus *gaps*. Discute as abordagens que os líderes fazem com sucesso e fracasso para influenciar as mudanças necessárias, além de mostrar os mecanismos biológicos de resistência à mudança. Apresenta roteiros para conduzir o colaborador à mudança de hábitos, estimulando a sua prática além desta leitura.

Capítulo 9. Inimigos internos da assertividade do líder

O capítulo explora como a assertividade na liderança pode ser minada por fatores internos como crenças limitantes, sabotadores e vieses cognitivos. Mostra que autoconhecimento é o principal antídoto contra essas barreiras, permitindo ao líder reconhecer suas fragilidades e potencializar suas forças. A chave para superar esses desafios está na ressignificação cognitiva, na busca pelo autoconhecimento e na consciência dos próprios padrões de pensamento.

Capítulo 10. Gestão emocional: liderando corações e mentes

Este capítulo aborda a importância da inteligência emocional na liderança assertiva, destacando como líderes podem gerenciar emoções para promover um ambiente emocionalmente saudável e produtivo. Apresenta as doze habilidades da liderança emocionalmente inteligente e como o líder pode usá-las para interromper o ciclo das emoções aflitivas. Associa a inteligência emocional aos princípios da filosofia estoica, mostra a importância do líder ter o equilíbrio entre foco no ego e na equipe, e finaliza com roteiros práticos para a expressão das emoções de forma madura e assertiva.

Capítulo 11. Conversas difíceis: resultados poderosos

Oferece estratégias práticas da comunicação assertiva e não violenta para conduzir conversas delicadas com assertividade e respeito, transformando conflitos em oportunidades de crescimento. Mostra a importância de levar em consideração as necessidades e sentimentos dos dois lados, incentivando o uso da dança assertiva de forma equilibrada.

Capítulo 12. Fale com propósito: a arte de dar feedback e alinhar expectativas

Este capítulo trata da importância da gestão do desempenho e do papel do líder no desenvolvimento da equipe. Mostra como empoderar o liderado na responsabilidade pelo seu próprio desenvolvimento na carreira, através da construção conjunta do plano de desenvolvimento individual.

Apresenta roteiros e como utilizar o feedback e o *feedforward* para alinhar expectativas e impulsionar o crescimento. Mostra o passo a passo para conduzir reuniões de alinhamento, como elaborar um plano de desenvolvimento individual (PDI) e fazer o acompanhamento eficaz do desempenho da equipe, estimulando-a a ter autonomia e responsabilidade pelas suas ações de melhoria.

Capítulo 13. Como construir um time comprometido com o propósito da empresa

Explora o passo a passo do líder assertivo na construção de equipes de alta performance, com ênfase em definição da identidade da equipe, clareza de objetivos, efetividade produtiva do líder, o papel fundamental do líder em orientar e delegar de forma estratégica, acompanhar a performance da equipe e promover ações de melhoria contínua, garantindo o alcance de resultados sustentáveis no trabalho.

Capítulo 14. Juntando tudo: construa seu plano de ação e fortaleça sua liderança

Este capitulo final convida o leitor a juntar tudo que explorou na leitura deste livro e elaborar seu próprio plano de desenvolvimento individual – PDI, e colocar em prática o roteiro de sete passos apresentados no capitulo anterior para engajar e desenvolver um time de alta performance, desde a construção da identidade da equipe até a celebração de conquistas.

Se você deseja liderar com segurança, construir relações de confiança e alcançar resultados sustentáveis sem prescindir da sua essência, então este livro é para você. Vamos juntos decodificar o Código da Liderança Assertiva.

1. DESVENDANDO O CONCEITO DE ASSERTIVIDADE

O que move o comportamento assertivo?

Duas palavras vêm à mente quando penso em assertividade: autenticidade e autoaceitação.

Autenticidade – é ser verdadeiro consigo mesmo e com os outros. É falar e agir conforme o que realmente você sente e acredita, sem focar exageradamente em agradar o outro e atender às expectativas alheias.

Muita atenção! Autenticidade não é sinônimo de dizer tudo sem filtro, o que passa pela cabeça, ao contrário, ser autêntico é se expressar com clareza, sinceridade e respeito, porém, atento ao impacto que suas palavras e atitudes têm no outro.

É neste ponto que o encontro entre autenticidade e assertividade acontece, pois se você não está conectado com sua verdade, sua comunicação pode aparentar um discurso artificial e sem persuasão. As pessoas percebem quando alguém está sendo genuíno ou não.

Nos meus treinamentos, alguns alunos buscam técnicas, com modelos de frases para cada situação e eu sempre repito e insisto que a verdadeira assertividade vem de dentro, da segurança de ser quem você é, sem precisar agradar, mas também sem a necessidade de confrontar. Assertividade precisa da autenticidade. E a autenticidade depende do quê? Depende, antes de tudo, da autoaceitação.

Autoaceitação

É a arte de reconhecer e acolher quem você é, com tudo o que tem de bom e também com suas imperfeições, com suas qualidades e vulnerabilidades, ou seja, aceitar-se por inteiro. Sem a autoaceitação, você e todos nós passamos a esconder partes de nós, a nos moldar ao que os outros esperam, e isso nos afasta da autenticidade e por consequência, perdemos a assertividade.

Não significa se conformar ou desistir de evoluir, mas sim parar de se cobrar excessivamente e aprender a se tratar com mais compaixão e empatia por si. Quando nos aceitamos, deixamos de buscar aprovação o tempo todo e ganhamos liberdade para sermos autênticos.

Para isso acontecer, precisamos de três pilares:

- O primeiro nos ajuda a entender nossos pontos fortes e desafios, sem ilusões.

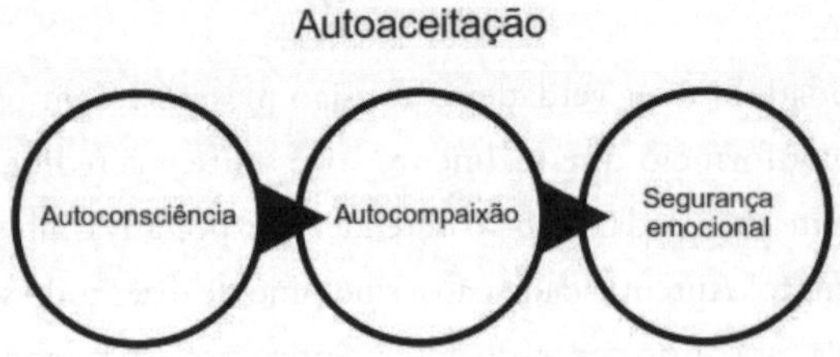

- O segundo nos ensina a lidar com erros e falhas sem autocrítica destrutiva, afinal, errar faz parte do caminho.
- O terceiro nos dá confiança para seguir em frente sem depender da aceitação dos outros para nos sentirmos válidos.

A autoaceitação é a base da autenticidade, da qual emerge a verdadeira assertividade.

Autenticidade sem filtro: a coragem de ser você

O que acontece quando somos autênticos e nos aceitamos tal como somos, com fortalezas e vulnerabilidades? Acontece algo incrível.

Não precisamos mais usar estratégias de defesas inúteis para esconder sentimentos e pensamentos que nos incomodam e que nos obrigam a viver para agradar ou brigar com o mundo. Dessa forma, temos coragem de conviver com nossa verdade e com a verdade do outro. A autenticidade e autoaceitação estão profundamente ligadas à verdade, como valor principal, pois somente quando nos aceitamos como somos — com nossas qualidades e vulnerabilidades — sentimos liberdade, sem amarras emocionais e sem medo para expressar nossas intenções e sentimentos de forma verdadeira.

Pessoas autênticas têm um forte compromisso com a verdade, tanto para consigo quanto para com os outros, garantindo que suas palavras, pensamentos e ações estejam alinhados com a integridade. A verdade, quando sustentada pela empatia e compaixão, se torna um valor que fortalece relações e cria conexões genuínas.

Quando um líder se sente bem consigo, sem precisar provar nada a ninguém, suas ações tendem a ser mais altruístas e menos motivadas pelo medo ou pela necessidade de reconhecimento. Isso gera um ciclo positivo: quanto mais autêntico e verdadeiro, mais confiança e respeito são cultivados ao seu redor.

Entendo que a autenticidade e a autoaceitação são caminhos para uma vida mais significativa e relações mais saudáveis. Quando você é fiel à sua verdade e a expressa com empatia e compaixão, certamente vai contribuir para um mundo corporativo mais genuíno, onde as palavras integridade e ética serão guias das interações profissionais.

Assertividade na essência

Assertividade é um ingrediente importante que define um estilo de comunicação de alto impacto, com a expressão de sentimentos, opiniões e necessidades sem constrangimento e sem rodeios e ainda, com uma escuta ativa focada no contexto e nas necessidades das pessoas. A assertividade é a base do diálogo, com a filosofia ganha-ganha para negociar e solucionar conflitos.

Parece incrível, mas existem ainda muitas pessoas que acreditam que a palavra "assertivo" significa "acertar". Existem outras pessoas que conhecem o conceito, mas, na prática, agem na tentativa de serem assertivos e acabam escolhendo uma postura agressiva, tipo "sincero até demais" ou uma postura passiva tipo "bonzinho demais", ou seja, o agressivo peca pela falta de empatia e o passivo exagera na dose da empatia.

Essa confusão no ambiente corporativo, muitas vezes, é causada pela própria cultura organizacional que deseja agilidade nos resultados, mas possui uma gestão baseada na "vitimização e busca de culpado" e, por outro lado, exige uma "postura assertiva" dos seus profissionais na solução dos problemas, com um discurso julgador e crítico. Também existem empresas que pregam o princípio do cuidado com as pessoas, confundindo a gestão humanizada com o líder bonzinho.

Porém, o que todos devem saber é que assertividade é um ingrediente relevante das competências sociais e que determina o sucesso do líder no mundo corporativo atual. Vamos destacar quatro principais benefícios da assertividade, como:

1. Decisões mais sensatas e maduras.

2. Mais agilidade com ações focadas na solução.

3. Decisões baseadas em dados e fatos.

4. Segurança psicológica provenientes da livre expressão de ideias, sentimentos e necessidades.

Esses benefícios são tão exitosos que, no século passado, na década de 1970, os psicólogos, praticantes da psicologia cognitiva comportamental, tiveram excelentes resultados na aplicação de protocolos da assertividade nos processos terapêuticos para tratar pacientes que sofriam de ansiedade. Ao aprender a se expressar de forma assertiva, o paciente diminui a sensação de vulnerabilidade em situações sociais, o que contribui para a redução dos níveis de ansiedade.

A sensação é de libertação! Ao vencerem as dificuldades de dizer não, dar limites, expressar sentimentos negativos e ter a preocupação excessiva em satisfazer as expectativas dos outros, os pacientes se libertam de amarras emocionais e crenças limitantes.

Podemos concluir que a assertividade pode ser um grande aliado para driblar o estresse do dia a dia, pois ajuda a zerar os débitos emocionais, dando ao profissional a sensação de liberdade emocional. Com isso, a mente fica livre para ter bons pensamentos, o que impacta num olhar mais real e positivo das situações e relacionamentos, já que o estresse depende do olhar que a pessoa dá aos eventos da vida.

Assertividade no mundo do trabalho: atitude que transforma

A partir dos anos 2000 a assertividade entrou para valer no mundo corporativo, e tive a satisfação de contribuir com a evolução dessa competência através do lançamento do meu livro *Seja Assertivo* em 2005 e dos *workshops* que coordenei nas muitas empresas como consultora em desenvolvimento humano.

Para reforçar a importância da assertividade no comportamento humano, também Daniel Goleman mostra que o quarto pilar da inteligência emocional, a destreza social, tem como base uma comunicação empática, clara e verdadeira, a comunicação assertiva. Com isso, podemos concluir que a comunicação assertiva nutre os pilares da inteligência emocional, principalmente as habilidades sociais, assunto que vamos detalhar mais para frente. Quando essas duas competências, comunicação assertiva e inteligência emocional, se interligam, elas alavancam a vida das pessoas, a carreira profissional e o estilo humanizado de liderar.

A assertividade tem forte impacto no trabalho quando os profissionais focam na solução dos problemas e não buscam culpados, evitam a procrastinação, enfrentam conflitos com naturalidade e são excelentes negociadores ganha-ganha.

LIVRES: o código da comunicação que inspira

Comunicação assertiva é a busca de uma ação comum por uma conexão firme, direta e focada na solução, uma conversa decisiva.

L Linguagem positiva	Busca a cooperação e não retaliação, de forma educada e positiva.
I Inclusiva	Inclui as pessoas no dialogo e desenvolve o sentimento de pertencimento.
V Verdade	O que se diz é verdadeiramente o que se pensa, existe transparência na conversa.
R Resolutiva	Foca na solução do problema.
E Empática	Os argumentos levam em conta e incluem as necessidades e sentimentos do outro.
S Sustentada por fatos	Usa fatos e dados para sustentar um argumento no dialogo.

Comunicar-se de forma assertiva é dizer o que tem que ser dito para a pessoa certa, na medida certa, no momento certo, pelo motivo certo, da maneira certa e no local certo.

Em 2003, fiz uma pesquisa para a dissertação do meu mestrado sobre assertividade, e constatei que esse conceito era aplicável como uma boa solução para pessoas se entenderem melhor e poderem, de forma justa e rápida, negociar seus interesses e gerenciarem seus conflitos. Enfim, enfrentarem as conversas difíceis e transformá-las em conversas produtivas. Na época, já disseminávamos a humanização nas relações de trabalho e, a comunicação assertiva, juntamente com a comunicação não violenta, era o caminho ideal para que as conversas se tornassem mais maduras, respeitosas, e principalmente focadas na solução dos problemas do cotidiano profissional.

Na época, treinei muita gente nesta incrível competência, e percebi que era um aprendizado que quebrava paradigmas na comunicação humana. E hoje, a comunicação assertiva volta com força total, sendo considerada uma das três habilidades mais relevantes nas relações profissionais, em um cenário de total transformação, onde a agilidade na solução dos problemas complexos é uma vantagem competitiva para os resultados do negócio.

Agilidade com propósito: assertividade nas metodologias ágeis

A comunicação assertiva desempenha um papel fundamental na implementação e sucesso das metodologias ágeis. Aqui estão algumas correlações entre a comunicação assertiva e as metodologias ágeis:

1. Transparência e colaboração: a comunicação assertiva promove a honestidade e a abertura nas interações, permitindo que as informações sejam compartilhadas de maneira clara e direta. Isso facilita a colaboração efetiva e o trabalho em equipe, garantindo que todos estejam alinhados e engajados no projeto. Por sua vez, as metodologias ágeis enfatizam a transparência e a colaboração entre os membros da equipe.

2. Feedback construtivo: a comunicação assertiva é essencial para fornecer e receber feedback de maneira construtiva. Os membros da equipe precisam se sentir à vontade para expressar suas opiniões e compartilhar suas perspectivas de forma respeitosa. A comunicação assertiva ajuda a evitar mal-entendidos e conflitos, promovendo um ambiente propício para a melhoria contínua. Por sua vez, as metodologias ágeis valorizam o feedback contínuo e rápido.

3. Comunicação clara e concisa: a comunicação assertiva envolve expressar ideias de maneira clara, direta e concisa. Isso permite que as informações sejam transmitidas de forma mais eficaz, evitando ruído e ambiguidades. Uma comunicação clara e concisa é essencial para a agilidade no trabalho, garantindo que todos entendam as tarefas, objetivos e prazos de forma precisa.

4. Resolução de conflitos: a comunicação assertiva desempenha um papel importante na resolução de conflitos de maneira saudável e produtiva. Através da expressão clara de preocupações e interesses, os membros da equipe podem trabalhar juntos para encontrar soluções e tomar decisões colaborativas. Por sua vez, na implantação das metodologias ágeis é comum surgirem conflitos de interesses entre as pessoas.

5. Adaptabilidade e flexibilidade: A comunicação assertiva facilita a comunicação aberta sobre mudanças, permitindo que a equipe se ajuste e reorganize conforme as necessidades do projeto. Através da expressão assertiva de opiniões e preocupações, as equipes podem se adaptar rapidamente, discutir as alterações necessárias e encontrar as melhores soluções.

Esses elementos são essenciais para a agilidade no trabalho, permitindo que as equipes sejam mais eficientes, produtivas e capazes deenfrentar desafios de maneira eficaz.

O ciclo virtuoso que empodera

A habilidade de ser assertivo movimenta uma pessoa a ir para frente e realizar seus objetivos, reforçando positivamente seu autoconceito e autoestima. Veja como esse ciclo virtuoso da assertividade acontece: (1) enfrenta a situação difícil (2) atinge o objetivo quando resolve o problema (3) recebe um retorno positivo pois os dois lados se sentem bem resolvidos e (4) sente autoconfiança para agir novamente pelo reforço positivo que teve na situação bem resolvida.

Assertividade é um ingrediente de extrema relevância na construção da confiança entre pessoas e de ambiente seguro psicologicamente, tornando possíveis negociações ganha-ganha, gestão de conflitos eficazes, resolução de problemas com inovação e criatividade, tomada de decisões imparciais e lúcidas, troca de feedback com a sensação verdadeira de "presente", e finalmente, o trabalho de equipe saudável.

1. Considerando o verdadeiro conceito da assertividade, como você se autoavalia?
2. Quais foram seus principais *insights*?
3. Faça um pequeno resumo dos pontos que mais lhe chamou a atenção.

2. LIDERANÇA ASSERTIVA: A FORÇA DO EQUILÍBRIO NOS NOVOS TEMPOS

Refleti muito sobre a importância de escrever este livro sobre liderança assertiva no contexto atual e cheguei à conclusão que sua contribuição é essencial. Sua aplicação no cenário contemporâneo traz novos desafios e demandas, e isso exige uma reflexão mais profunda sobre o papel da liderança.

Novos tempos, novas exigências para liderar

O mundo corporativo de hoje é caracterizado por um ambiente VUCA, uma sigla que representa um mundo Volátil, Incerto (*Uncertain*), Complexo e Ambíguo.

Esse conceito foi originalmente desenvolvido pelo exército dos Estados Unidos na década de 1990, para descrever o cenário pós-Guerra Fria e o impacto das mudanças rápidas e imprevisíveis no mundo, e hoje é um ambiente mais presente do que nunca.

Cresce, assim, a demanda por líderes que tomem decisões assertivas e ágeis, capazes de influenciar positivamente as pessoas por meio de uma comunicação inclusiva e engajadora.

Outra demanda dos novos tempos é o modelo híbrido e remoto de trabalho, cada vez mais adotado pelas empresas, trazendo o desafio de liderar à distância. Isso exige do líder confiar na equipe para gerar engajamento, evitando assim ruídos e desconexões na comunicação entre pessoas.

Como se não bastasse, estamos vivendo um fenômeno multigeracional, onde gerações desde *baby boomers* até a geração z convivem entre si, cada uma com um olhar diferente sobre a relação com o trabalho. Levando em conta toda essa diversidade, o líder deve entender como as mentalidades diferentes pensam para serem compreendidas e motivadas a dar o seu melhor na entrega dos resultados. Além disso, a pressão por mudança contínua de prioridade e formas de trabalhar estimulam pessoas a experimentarem estados emocionais nunca sentidos, como a ansiedade.

Em meio a tudo isso, a saúde mental tornou-se uma prioridade na gestão das pessoas, enquanto os líderes continuam sendo pressionados a entregar resultados cada vez maiores. O líder assertivo é aquele que consegue estabelecer limites saudáveis, priorizar demandas e equilibrar as pressões organizacionais com as necessidades humanas, evitando conflitos interpessoais nocivos e desnecessários.

A liderança assertiva consiste em um conjunto de comportamentos eficazes para mitigar os riscos psicossociais que comprometem a saúde mental dos colaboradores.

Esses riscos, conforme descrito na Norma Regulamentadora 1 (NR 1), incluem fatores como:
1. Processos de trabalho desorganizados.
2. Relacionamentos interpessoais problemáticos.
3. Carga excessiva de trabalho.
4. Falta de autonomia.
5. Insegurança no trabalho.
6. Jornadas de trabalho exaustivas.
7. Metas inalcançáveis.
8. Conflitos interpessoais.
9. Assédio moral e sexual.
10. Falta de reconhecimento.
11. Comunicação ineficaz.

Vamos relacionar aqui quinze erros que custam caro, pois criam um ambiente favorável ao aparecimento desses fatores de riscos psicossociais, colocando a empresa em situação delicada.

Os deslizes que um líder nunca pode cometer

1. Fazer chantagem emocional

A chantagem emocional é comportamento típico da dissimulação de intenção. Um líder usa essa estratégia manipulativa quando acredita que é a maneira mais adequada para persuadir o time a fazer o que ele quer. Às vezes, o líder pode usar da estratégia da sedução, como, por exemplo, super qualificar uma característica do colaborador para deixá-lo feliz, apenas para conseguir algo em troca. O time pode pensar: "Será que o líder está realmente preocupado comigo ou só quer me usar?" Isso mina a relação de confiança.

2. Delargar e dizer ao time: "Se vire!"

Delargar é uma ação equivocada do líder. Pode dar a impressão de falta de compromisso com a empresa e com o bem-estar do time, pois não demonstra nenhuma preocupação com as condições exigidas para o cumprimento da tarefa pelo colaborador. Muitos líderes agem assim, acreditando que estão desafiando sua equipe no desenvolvimento da autonomia, enquanto é colocada no fogo. Mas, também, o líder pode delargar com a intenção de disfarçar sua própria incompetência em solucionar o problema e, ao invés de escolher a humildade e pedir ajuda do time, o líder opta por esse comportamento disfuncional. Esse comportamento pode quebrar o elo da confiança entre líder e colaborador pela falta de alinhamento e orientação adequada, criando na equipe um ambiente de "cada um por si".

3. Liderar baseado em julgamentos e preconceitos

Imagine um ambiente onde o colaborador se sente constantemente julgado pelo líder e pelos colegas! Haja resiliência! Algumas pessoas conseguem suportar o julgamento e a crítica constante, porém estimulam o sentimento de incompetência e inadequação, causando um estresse desnecessário. Quando a sensação de estar sendo avaliado ou criticado é muito frequente, a resposta natural é entrar em modo de sobrevivência, o estado de alerta no qual o cérebro se posiciona quando interpreta o julgamento como uma ameaça ao ego e aciona o sistema de "luta ou fuga". Nesse estado emocional, o colaborador se comporta de forma defensiva, como, por exemplo: resiste às mudanças pelo medo de errar; não assume responsabilidade, preferindo culpar colegas pelos seus erros e não diminui sua exposição para não ser alvo de críticas. O problema é que esse comportamento não só afeta a pessoa, mas também prejudica o time e os resultados. Além disso, a criatividade e a inovação sofrem perdas, pois o medo de julgamento impede que as pessoas experimentem, aprendam com erros ou até mesmo expressem suas opiniões genuínas.

4. Infantilizar o time com broncas, ameaças e promessas não cumpridas

Muitas vezes o líder não sabe como motivar pessoas e opta pelo caminho da punição, acreditando que broncas e ameaças estimularão o time a dar o seu melhor. Ao contrário, o time pode até se mobilizar, porém, fazendo o mínimo necessário para sobreviver. Outro comportamento negativo é fazer promessas não cumpridas. A confiança no líder desaparece, e a equipe deixa de acreditar em qualquer incentivo ou promessa.

5. Acreditar que o reconhecimento é bobagem (falta de reconhecimento)

Frases como *o colaborador não fez mais que sua obrigação* ainda são comuns de se ouvir nos corredores de algumas empresas. Já me deparei com vários líderes que acreditam que não há necessidade de reconhecer um colaborador por um trabalho bem feito, pelo atingimento de uma meta desafiadora ou mesmo por um comportamento positivo. Aliás, nem pensam nisso, pois sua mente é focada em resultados, e somente isso tem valor. Esquecem que são as pessoas que dão resultados. E quando esse reforço positivo não existe na hora certa, a equipe se sente invisível e desvalorizada. Sem reconhecimento, o esforço começa a cair, afinal, "para que tentar se ninguém nota?".

6. Fugir do conflito e colocá-lo debaixo do tapete

Sem resolver os problemas, o clima fica pesado e os atritos aumentam. Ignorar o fogo só faz a fogueira crescer. Isso acontece, muitas vezes, porque o líder decide minimizar a importância e o tamanho do problema para disfarçar seu verdadeiro motivo, que pode ser medo de perder seu falso prestígio, de desagradar o time ou mesmo o medo de aumentar o conflito. Essa atitude contribui somente para aumentar os problemas e afetar negativamente a harmonia no time. Pequenos problemas se tornam grandes tempestades. O ambiente fica tenso e todos sentem que estão pisando em ovos.

7. Ignorar o estado emocional da equipe

Ignorar e não validar os sentimentos das pessoas é uma reação do líder altamente desmotivadora. Na minha jornada de mentoria, presenciei líderes dizendo que as pessoas atualmente estão muito frágeis e sem a resiliência para aguentar uma pressão, uma bronca, uma cobrança. Problemas emocionais podem dominar a mente do colaborador e afetar sua performance, e nessas situações o líder deve estar atento ao seu papel de orientar e dar feedback sobre o comportamento disfuncional, buscando uma solução com o colaborador.

8. Tratar pessoas de forma desigual (favoritismo)

Tratar o time com favoritismo é um estímulo para criar um ambiente de fofoca e competição entre os seus membros. Privilegiar uns contra os outros gera um sentimento de injustiça. Atinge diretamente o moral do time, sendo que os não favorecidos se sentem excluídos e injustiçados, e a colaboração no time despenca. O time sente que é avaliado de forma injusta e que não importa o esforço, porque o líder já tem suas preferências. Resultado? Um ambiente cheio de ressentimento.

9. Focar mais nos erros do que nos acertos

Este é um erro mais comum do que se imagina. Quando a balança da preocupação entre acerto e erro se desequilibra, arriscamos cair no excesso de um lado e na falta do outro. Exceder no erro, além de enrijecer a percepção do líder, cria um ambiente de medo de errar. Sabemos que pessoas inseguras têm a tendência a falhar mais do que acertar, e por consequência, o líder não desenvolve a autorresponsabilidade pelos próprios erros.

10. Roubar o crédito das ideias dos outros

Este comportamento é perigoso porque destaca a ética e a moral do líder, fatores relevantes do caráter e da credibilidade de uma pessoa. Roubar ideias alheias, sem dizer a autoria, atinge diretamente a confiança do time no seu líder, e sabemos que confiar no líder e nos colegas é a base de equipes de alta performance. Resultado? O time perde a vontade de contribuir, já que o líder vai colher os louros no final. É o fim da inovação.

11. Ficar em cima do muro (indecisão)

Uma das necessidades do cérebro é a busca por certeza. Em um ambiente de incerteza, a equipe perde o foco no que realmente importa e o cérebro entra em estado de vigília, atento às possíveis ameaças ao redor. Nesse cenário, projetos ficam paralisados, o clima de insegurança desvia a atenção da equipe e surge a falta de confiança na tomada de decisão do líder.

12. Ser desorganizado e mudar rumos o tempo todo

A equipe fica confusa e frustrada, achando que está "jogando o jogo errado". A produtividade despenca. O caos na liderança reflete no time, que começa a perder prazos e a qualidade do trabalho. A equipe vive no "modo incêndio". Esse mesmo líder pode falar uma coisa e fazer outra. A incoerência destrói a credibilidade. A equipe passa a não levar o líder a sério e ignora suas orientações.

13. Dar feedback na frente de todo mundo

Ninguém gosta de ser exposto. A moral do time vai para o chão junto com a confiança no líder. O líder quando age assim pode ter seus motivos, como, por exemplo, enxergar aquele colaborador como displicente e desinteressado, estar irritado com o erro reincidente, etc. Podem existir outros motivos que levam um líder a expor um colaborador, o que podemos até entender, mas que não se justifica, pois continua sendo um comportamento disfuncional e reativo do líder.

14. Microgerenciar e fazer pressão excessiva

Microgerenciar é ter controle minucioso do trabalho dos colaboradores, o que pode ser entendido pela equipe como falta de confiança. Muitas vezes, a causa está mais no líder que se sobrecarrega assumindo grande parte do trabalho por desconfiar da capacidade da equipe. Por essa razão, controla tudo e todos para garantir que tudo aconteça segundo seus critérios.

Esse líder centraliza as decisões e boicota a autonomia da equipe, não investindo na qualificação profissional. As pessoas se sentem estagnadas e desmotivadas, e sem crescimento, começam a desviar sua atenção para outras oportunidades em outras empresas. Resultado? As pessoas sem autonomia se acomodam, esperando o líder resolver tudo. No final, ninguém cresce.

15. Aceitar demandas em excesso e sobrecarregar a equipe

Quando um líder aceita demandas e sobrecarrega a equipe, pode estar demonstrando sua dificuldade de dizer não e dar limites. Por quê? Alguns motivos: pode ser a crença de que o trabalho árduo dignifica o homem; excesso de responsabilidade; medo de ser visto como um líder descomprometido, ou mesmo medo de parecer incompetente que não acompanha as demandas da empresa. Os impactos podem ser desastrosos, a equipe fica exausta e ressentida e, no longo prazo, o desempenho cai, podendo levar alguns colaboradores ao burnout e perda de talentos. Todos esses comportamentos não só desengajam, mas também corroem a confiança, o respeito e a produtividade da equipe. Para ser um líder admirado, é essencial evitar essas armadilhas!

A adoção de uma liderança assertiva permite que esses riscos sejam identificados e tratados de maneira proativa, criando um ambiente de trabalho mais saudável e produtivo.

Como pudemos observar, a liderança no cenário atual é reconhecida como uma competência estratégica, essencial para resolver problemas complexos, acelerar resultados e engajar as pessoas.

Por tudo isso, transforme sua liderança e inspire o engajamento verdadeiro.

Liderança assertiva em ação

Que líder habita em você? O líder que inspira com bons valores, engaja verdadeiramente, gera resultados sustentáveis e, ao mesmo tempo, cuida das pessoas ao seu redor? Este é o poder da liderança assertiva.

Não se trata apenas de ser direto e claro em sua comunicação, mas de adotar uma mentalidade estratégica que une os interesses de resultados com a valorização das pessoas. Vamos explorar como se tornar um líder assertivo, equilibrando esses dois aspectos cruciais.

É um estilo que combina firmeza e respeito, visando não apenas o alcance de resultados, mas também o cuidado e o desenvolvimento das pessoas. Ele se baseia em princípios sólidos e é sustentado por características pessoais e habilidades práticas que garantem que o líder se conecte com sua equipe de forma genuína e eficaz.

Um líder assertivo não apenas diz o que precisa ser feito, mas também inspira e capacita os outros a atingir seu potencial máximo. Ele sabe que, para alcançar resultados duradouros, é preciso equilibrar a pressão por resultados com o apoio contínuo às pessoas. O sucesso para ele não é apenas uma questão de números ou metas atingidas. O líder assertivo é movido por um propósito e uma visão mais profunda.

Liderar com propósito: a alma da liderança assertiva

Seu propósito é criar um espaço onde a equipe se sinta engajada, onde cada pessoa sinta que suas ações têm um significado real, se sintam realmente valorizadas, motivadas e inspiradas a contribuir para o sucesso de todos. Ele sabe que sua verdadeira missão é gerar impacto positivo nas vidas das pessoas com quem trabalha, ajudando-as a crescer e a se sentir parte de algo maior.

Esse líder não faz as coisas "por fazer" ou apenas para cumprir uma agenda. Ele é guiado por um propósito que dá sentido à sua gestão, transformando cada decisão, cada interação e cada desafio em uma oportunidade para inspirar e cultivar o melhor nas pessoas ao seu redor.

Visão assertiva: olhar para frente com equilíbrio

A visão de um líder assertivo é clara: um ambiente de trabalho colaborativo, inclusivo e com alta performance, onde todos podem expressar seu potencial e alcançar suas metas. Ele sabe que, para que a equipe atinja seu melhor desempenho, ela precisa estar alinhada com a missão e os objetivos da empresa, mas também precisa sentir-se respeitada e valorizada em seu desenvolvimento individual.

A visão do líder assertivo é, portanto, equilibrada. Ele não busca resultados a qualquer custo, mas sim de uma maneira que seja sustentável, ética e humana. A longo prazo, sua liderança visa não apenas alcançar as metas da empresa, mas também criar um legado de confiança, desenvolvimento contínuo e bem-estar para sua equipe. Por isso, ele tem claro para si, os princípios que orientam sua liderança.

Os pilares que sustentam a liderança assertiva

Os pilares que sustentam a liderança assertiva são fundamentais para guiar as atitudes e decisões do líder. Eles são princípios que moldam como o líder se relaciona com sua equipe e como conduz os desafios. São esses pilares que definem a autenticidade e a ética no papel de liderança:

1. **Autenticidade** – Ser genuíno, sem máscaras, cultivando um ambiente de transparência e confiança.

2. **Ética** – Agir com integridade e justiça, mesmo em situações desafiadoras.

3. **Igualdade** – Enxergar que ninguém é melhor ou maior que o outro. Como seres humanos, todos somos iguais, e isso reflete no tratamento justo e igualitário dentro da equipe.

4. **Respeito pela diversidade** – Valorizar diferentes perspectivas, promovendo um ambiente inclusivo.

5. **Autorresponsabilidade** – Assumir responsabilidade pelas próprias ações e decisões, incentivando a equipe a fazer o mesmo.

Podemos perceber que o líder assertivo é movido por princípios de valor. Mas, como será que funciona um cérebro que se inspira por propósito, com uma visão humanizada de liderança, e, por outro lado, consegue tomar decisões imparciais e racionais?

Vamos entender essa questão intrigante: como funcionam os cérebros de um líder defensivo e de um líder assertivo?

Cérebro defensivo *vs.* cérebro assertivo: o duelo invisível

Já reparou que algumas pessoas reagem de forma defensiva, enquanto outras enfrentam e gerenciam desafios com leveza e clareza? Já percebeu como alguns líderes influenciam suas equipes? Alguns impõem sua vontade, outros usam a sedução, mas há aqueles que, com um carisma e credibilidade naturais, conseguem engajar a equipe sem precisar impor ou seduzir.

A neurociência explica! O funcionamento do nosso cérebro define como reagimos às situações no dia a dia. Essas reações podem ser identificadas em dois modos distintos: o cérebro defensivo e o cérebro assertivo. Esses dois modos de operação afetam diretamente como você usa a comunicação para influenciar a equipe, como toma decisões, como gerencia os conflitos e como se comporta nas interações do ambiente corporativo, com colegas e clientes. E, claro, também impactam suas relações pessoais e sociais.

Cérebro defensivo: o modo sobrevivência

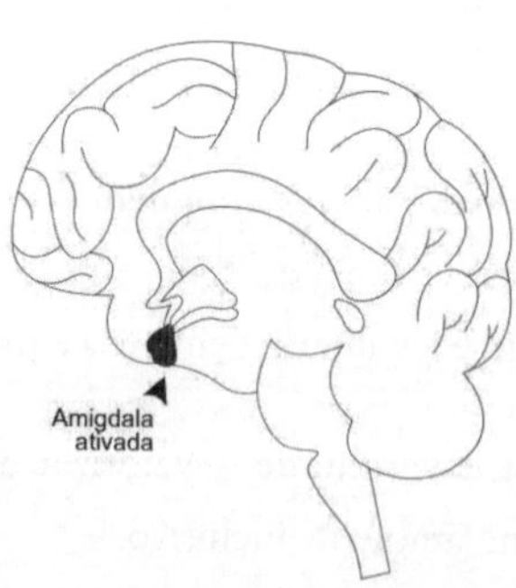

O modo sobrevivência surge quando estamos diante de situações de desconforto, como discordâncias sobre um projeto, falta de colaboração, feedbacks que soam como críticas, ou a exclusão de nossa participação em decisões importantes. Quando o cérebro percebe uma ameaça, a amígdala, uma estrutura do sistema límbico, é ativada e dispara respostas automáticas de luta, fuga ou congelamento. Essas reações são impulsionadas pelo medo, que se torna a emoção predominante.

- Luta ocorre quando todo seu organismo se prepara para enfrentar o perigo, liberando adrenalina e noradrenalina, hormônios que aumentam a frequência cardíaca, a pressão arterial e a força muscular.

- Fuga acontece quando o nosso corpo opta por escapar do perigo, com uma liberação similar de adrenalina, mas com a intenção de mobilizar para uma fuga rápida da situação.

- Congelamento é uma resposta em que o corpo fica totalmente paralisado, tentando "não ser visto", devido à percepção de que nem lutar, nem fugir são opções viáveis.

Essas reações automáticas visam à sobrevivência e são controladas pela interação entre o sistema límbico e o sistema nervoso autônomo.

As respostas químicas envolvem a liberação de hormônios do estresse, como adrenalina e cortisol, que preparam o corpo para a ação rápida. A amígdala envia sinais para o hipotálamo, que ativa a glândula adrenal a liberar esses hormônios.

Todos os três movimentos de proteção são estratégias normalmente inconscientes, estimuladas pelas emoções medo, raiva e sentimentos aflitivos como ansiedade.

Joseph LeDoux, neurocientista renomado, explica que "o medo não é apenas uma reação emocional, mas um sistema de defesa profundamente enraizado no cérebro". Quando o líder reage de forma impulsiva e reativa, sua capacidade de tomar decisões racionais se reduz, o que prejudica a performance da equipe e gera um ciclo de desconfiança e insegurança.

O líder no modo sobrevivência pode comprometer seu desempenho de várias formas:

- Delegação ineficaz: ao sentir-se ameaçado pela competência dos outros, ele evita delegar atividades importantes ou delega de forma inconsistente, prejudicando o desenvolvimento da equipe.

- Feedbacks sem efetividade: muitas vezes, o feedback é dado sem empatia ou de forma evasiva, o que dificulta o aprendizado.
- Tratamento extremo dos erros: O erro é visto como algo inaceitável ou, ao contrário, sempre aceitável, criando insegurança na equipe.
- Falta de transparência: O líder defensivo evita conversas difíceis, não admite erros e resiste ao feedback.

Esse comportamento cria um ambiente de medo, competição e desmotivação, ao invés de um ambiente de colaboração e crescimento.

Cérebro assertivo: o modo consciente

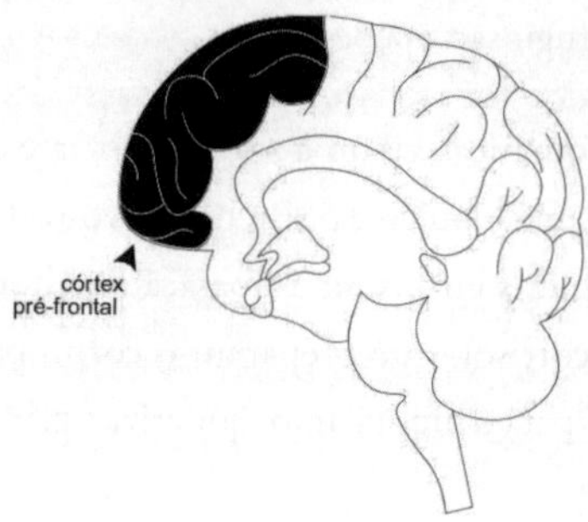

Quando um líder adota o modo consciente mediante uma postura assertiva, ele ativa uma área fundamental do cérebro: o córtex pré-frontal. Essa parte do cérebro está diretamente envolvida no pensamento estratégico, no planejamento de longo prazo, na empatia e no controle emocional. Ele é responsável por permitir que o líder tome decisões racionais e equilibradas, mesmo em situações de pressão ou conflito.

A química por trás disso é bem interessante. Quando o líder está em uma situação desafiadora, seu córtex pré-frontal atua para regular as emoções que surgem do sistema límbico, a parte mais primitiva do cérebro. O sistema límbico, que inclui estruturas como a amígdala, é responsável pelas reações automáticas de "luta, fuga ou paralisia". Essas reações são acionadas quando sentimos medo, raiva ou qualquer outra emoção intensa. Ao usar o córtex pré-frontal de forma satisfatória, o líder consegue frear a impulsividade do sistema límbico, transformando a reatividade emocional em uma resposta mais ponderada e controlada. Podemos dizer que a química do cérebro assertivo favorece ao líder fazer corretamente a regulação emocional.

Em termos químicos, essa regulação acontece porque o córtex pré-frontal libera neurotransmissores como a dopamina **e a** serotonina, que estão diretamente ligados ao bem-estar, à motivação e à tomada de decisões racionais. A dopamina, em particular, motiva o líder a agir de forma clara e objetiva, enquanto a serotonina ajuda a manter o equilíbrio emocional, criando um estado de mente focado e sereno.

Esse equilíbrio entre razão e emoção é a chave para a maturidade emocional e comportamental.

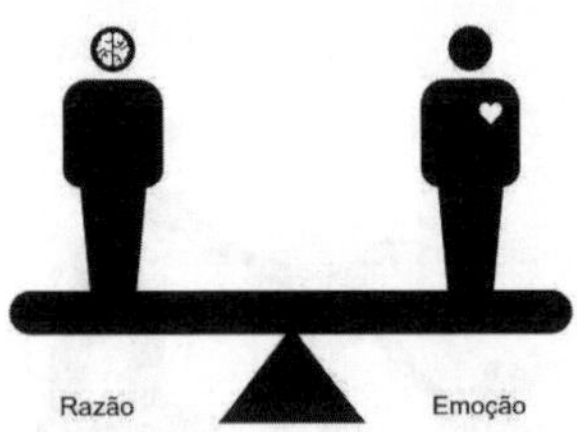

Um líder que opera com um cérebro assertivo não é levado pelas emoções de pânico ou raiva, características que frequentemente aparecem no "modo defensivo", mas é capaz de pensar estrategicamente, comunicar-se de forma assertiva e tomar decisões difíceis de maneira equilibrada. Isso é fundamental em ambientes corporativos dinâmicos, onde a pressão pode fazer com que muitos líderes entrem no "modo sobrevivência" — onde as reações são mais impulsivas e menos eficazes.

Ao ativar seu cérebro assertivo, o líder é capaz de lidar com os conflitos de forma aberta e respeitosa, porque ele regula suas emoções e não reage automaticamente aos desafios. Ele mantém clareza mental, mesmo sob pressão, e transmite essa calma para sua equipe, ajudando a criar um ambiente de confiança e colaboração.

O impacto do líder no modo consciente vai além das interações individuais. Quando ele regula suas emoções e age com clareza, ele influencia a equipe de forma natural, criando um ciclo positivo de engajamento e colaboração. Esse estado de equilíbrio emocional, onde a razão e as emoções trabalham juntas, tem um impacto profundo na performance da equipe. Um líder que opera com inteligência emocional, não apenas melhora sua própria tomada de decisão, mas também inspira confiança e respeito, permitindo que sua equipe se desenvolva de maneira saudável.

A liderança assertiva não é uma habilidade inata — ela se constrói ao longo do tempo. Para isso, o líder precisa fortalecer seu cérebro, treinando seu córtex pré-frontal e desenvolvendo sua inteligência emocional. Quando um líder é capaz de controlar suas respostas emocionais e usar sua razão de maneira eficaz, ele não "manda" e sim inspira sua equipe a alcançar o melhor desempenho possível, com um impacto altamente engajador.

O desafio do século: engajar com sentido

A palavra "engajamento" se tornou a palavra do momento no universo corporativo, e não é por acaso. Em um cenário onde as demandas estão cada vez mais complexas, as mudanças acontecem a uma velocidade impressionante e a competitividade cresce a cada dia, o engajamento das pessoas dentro das organizações se tornou a chave para o sucesso. Empresas que conseguem engajar suas equipes não só aumentam a produtividade, mas também criam um ambiente mais saudável e inovador, que favorece a criatividade e a colaboração.

Mas por que esse conceito está sendo tão discutido e valorizado? O engajamento vai além da simples motivação. Ele envolve um vínculo profundo entre os colaboradores e a missão da empresa, um compromisso emocional que resulta em dedicação, esforço extra e um desempenho superior.

No contexto atual, com uma força de trabalho cada vez mais diversa e exigente, as empresas sabem que, se não conseguirem alinhar seus colaboradores a uma causa comum, a motivação irá desaparecer rapidamente, levando à queda nos resultados e ao aumento da rotatividade. O engajamento no mundo corporativo de hoje não é apenas uma "moda passageira", mas uma necessidade estratégica.

Vamos olhar mais de perto os fundamentos científicos que explicam como o engajamento funciona no cérebro humano. É preciso entender como as pessoas reagem emocional e biologicamente aos estímulos que recebem no ambiente de trabalho.

A química por trás do engajamento

A química do engajamento é a chave para ativar as emoções e os comportamentos certos no time, garantindo uma performance contínua e sustentável. Por isso, entender como o cérebro humano responde aos estímulos é tão importante quanto as habilidades de liderança e gestão de equipes.

A química do engajamento é uma área da neurociência que estuda como diferentes hormônios e neurotransmissores influenciam nossa motivação, comportamento e como interagimos no ambiente corporativo. São essas substâncias químicas no cérebro que, quando estimuladas de maneira correta, geram motivação, confiança, sentimento de pertencimento e alinhamento com os objetivos da empresa.

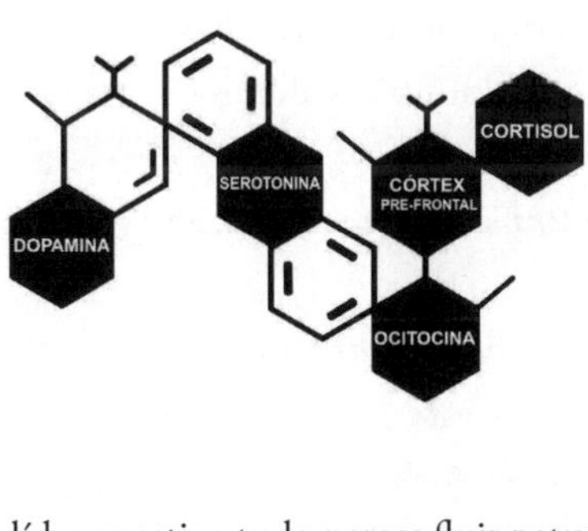

Com a gestão do líder assertivo tudo parece fluir naturalmente, as pessoas se sentem parte de algo maior e querem dar o seu melhor. Não tem segredo, tem ciência!

O cérebro do líder assertivo atua positivamente no cérebro da equipe, ativando os circuitos neurais da energia e da motivação, do sentimento de pertencimento e a sensação da confiança. A equipe relaxa e se engaja, não é movida pelo medo e sim pela vontade de contribuir com seu talento. Vamos ver qual é a química do engajamento que rola no cérebro do líder e liderado?

Circuito da dopamina: a química da recompensa e motivação

Sabe aquela sensação incrível de fechar a lista de tarefas e pensar "concluí minha missão"? Aquela sensação de vitória, que te dá uma energia boa para enfrentar o resto do dia? Essa sensação é obra da dopamina, o neurotransmissor que atua no nosso sistema de recompensa! Quando você, como líder, reconhece os esforços da sua equipe e celebra as pequenas vitórias, você está literalmente ativando a dopamina no cérebro de todo mundo.

Mas não é só o reconhecimento que conta! Quando você desafia sua equipe com objetivos estimulantes, quando faz aquele feedback construtivo e quando aposta no crescimento do time, você está ativando a motivação através da dopamina. E não é por acaso que ações de inclusão, reconhecimento e confiança do líder criam uma onda de energia no grupo. Todo mundo fica mais focado, mais engajado, e com aquele gás extra para seguir em frente.

E o melhor: durante a execução das atividades, um líder assertivo sabe exatamente quando dar aquele reforço positivo para que a energia se mantenha lá em cima, ou quando corrigir a rota. São pequenos toques que mantêm o cérebro da equipe bem alimentado com dopamina, fazendo com que todo mundo se sinta motivado a continuar o trabalho.

Pensa comigo, em quais situações você sente no corpo uma energia que parece uma força enorme que o motiva a dar o seu melhor? Essa é uma pergunta que sempre faço aos meus alunos e as respostas mais costumeiras são:

— *Quando meu líder me valoriza e reconhece algo que fiz e que impactou nos resultados da equipe;*

— *Quando meu líder me dá feedback positivo;*

— *Quando meu líder me dá feedback de pontos de melhoria e confia que serei capaz de superar os obstáculos;*

— *Quando meu líder me desafia com objetivos estimulantes;*

— *Quando meu líder reúne a equipe para comemorar os nossos resultados.*

São ações de inclusão, reconhecimento e confiança do líder que ativam o circuito da motivação tanto no próprio cérebro quanto no da equipe.

Resultado? Todo mundo sai mais energizado e focado!

Ocitocina: A química do "tamo junto"

Agora, o que fazer para criar aquela sensação de "nós somos uma equipe" que se apoia mutuamente? Aqui entra a ocitocina, o "hormônio do amor". A ocitocina é responsável por criar vínculos fortes, e ela é liberada quando a interação entre as pessoas é positiva, empática e afetuosa. A boa notícia é que, quando um líder assertivo demonstra empatia, reconhece o esforço individual e faz a equipe se sentir aceita e importante, ele está literalmente criando um ambiente de confiança e conexão.

Por isso, quando você, líder, dá aquele feedback genuíno ou simplesmente está ao lado da sua equipe durante um desafio, a ocitocina entra em cena, promovendo o "tamo junto". E quando isso acontece, o time se sente mais coeso, mais confiante e, claro, mais engajado. Isso porque, quando há confiança, há colaboração. E quando há colaboração, há mais energia no trabalho, e o trabalho flui melhor!

Cortisol: A química do estresse

Nem tudo são flores. Em momentos de crise, o cortisol, o hormônio do estresse, é ativado. A diferença entre um líder assertivo e um líder defensivo é justamente como ele gerencia esse hormônio. O líder não assertivo pode se desesperar e transmitir esse estresse para a equipe, criando um ambiente tenso. Já o líder assertivo, que consegue manter a calma, ativa seu córtex pré-frontal, a área do cérebro responsável pelo controle racional. Ao fazer isso, ele consegue acalmar a equipe, diminuir a ansiedade e ajudar todos a se concentrar em soluções, não em problemas.

O cortisol tem sua função, pois ele prepara o corpo para agir e aumentar o foco em situações desafiadoras. Porém, em doses altas e prolongadas, pode gerar malefícios como ansiedade, baixa imunidade, e distúrbios no sono. Por isso, um bom líder sabe balancear o estresse e fornecer suporte emocional, para que a equipe não seja dominada pelo medo, mas sim se mantenha focada e confiante.

Córtex pré-frontal: A química do propósito

Agora chegamos a uma parte fundamental do engajamento: o propósito. Não basta ter bons salários ou benefícios. As pessoas querem sentir que o trabalho tem um significado maior. E é aí que o córtex pré-frontal, a área do cérebro responsável pela visão estratégica, entra em ação.

Quando o líder explica claramente o "porque" e "para onde estamos indo", ativa-se o circuito dopaminérgico. Isso porque o cérebro gosta de sentir que o esforço tem um propósito, e essa ativação gera um envolvimento muito maior com o trabalho. O cérebro se sente mais motivado a colaborar, porque ele entende o significado de cada ação. E, mais importante ainda, esse alinhamento com o propósito aumenta o senso de satisfação e realização ao final do dia.

Libere a química da motivação:
seja um líder assertivo e estratégico!

A chave para engajar sua equipe de maneira eficaz está em entender como a química do cérebro pode ser usada a seu favor. Ao liberar dopamina com feedbacks positivos e desafios estimulantes, ao ativar a ocitocina com empatia e reconhecimento, ao controlar o cortisol em momentos de crise, e ao dar propósito com uma visão estratégica clara, você cria um ambiente onde a energia da equipe flui naturalmente. A equipe se sente motivada, conectada e pronta para enfrentar qualquer desafio.

Ao aplicar esses princípios da neurociência no seu estilo de liderança, você ativa as zonas cerebrais responsáveis pela motivação, confiança e foco. E a recompensa? Uma equipe altamente engajada, produtiva e com vontade de fazer acontecer!

Bem, para o motor do engajamento funcionar, você precisa se autoavaliar e concluir o quanto suas habilidades estão bem desenvolvidas e prontas para engajar seu time.

As habilidades práticas são essenciais para o líder assertivo colocar em prática seu propósito e princípios no dia a dia. Elas são a execução da liderança assertiva, traduzindo a teoria em ações concretas:

As dez super-habilidades do líder assertivo

Visão estratégica e foco no propósito

Um líder assertivo alinha sua visão ao propósito maior da organização. Ele enxerga o contexto todo, planeja a longo prazo e ajusta suas estratégias conforme as mudanças, garantindo a eficácia diante de novos desafios.

Comunicação autêntica e transparente

Vai além de simplesmente se expressar; trata-se de ser transparente, honesto e coerente entre discurso e prática. Isso cria um ambiente de confiança e fortalece o engajamento da equipe.

Autoconsciência e autodomínio emocional

Um líder assertivo reconhece e compreende suas emoções e como elas impactam suas decisões. Com essa consciência, ele consegue manter a calma sob pressão e orienta sua equipe com segurança e clareza.

Capacidade de escuta ativa para resolver conflitos

Um líder assertivo resolve divergências de forma colaborativa. Ele conduz conversas difíceis com respeito, ouvindo atentamente e buscando compreender diferentes pontos de vista para promover soluções eficazes.

Flexibilidade cognitiva e resiliência

Diante de mudanças e adversidades, um líder assertivo adapta-se com agilidade. Ele absorve feedbacks, tem uma mente aberta para novas abordagens e equilibra a capacidade de inovar com a necessidade de estabilidade.

Uso inteligente da tecnologia e mentalidade ágil

Aproveita o potencial da inteligência artificial e de ferramentas tecnológicas para otimizar processos e garantir eficiência. Ele busca metodologias que agilizem os processos e colaborem para acompanhar as mudanças, promovendo uma execução mais eficaz e orientada para resultados.

Capacidade de acolher diferenças com empatia

Valoriza a diversidade e reconhece as particularidades de cada membro da equipe. Mantém um equilíbrio entre acolhimento e firmeza em suas decisões, criando um ambiente de pertencimento e inclusão.

Capacidade de tomar decisões ágeis e imparciais

Toma decisões baseadas em dados e fatos, avaliando cenários com racionalidade e objetividade. Ele prioriza soluções eficazes, sempre considerando o impacto no time e nos resultados da organização.

Desenvolvimento de pessoas e foco no potencial da equipe

Investe no crescimento dos colaboradores, criando oportunidades de aprendizado e desafiando-os a alcançar seu potencial. O foco está no desenvolvimento contínuo e na construção de um ambiente de alto desempenho.

Humildade e mentalidade de crescimento

O líder assertivo não vê feedback como crítica, mas como uma oportunidade de crescimento. Ele tem consciência de suas forças e fragilidades, promovendo um ciclo constante de aprendizado e aprimoramento.

Essas dez habilidades representam a essência da liderança assertiva no contexto atual. Elas conectam a velocidade da inovação com a necessidade de fortalecer os laços dentro da equipe, promovendo um ambiente onde alta performance e relações humanas caminham juntas.

No mundo corporativo moderno, a liderança assertiva se tornou o alicerce da humanização na relação entre líder e liderado. Sem ela, o foco de um líder humanizado pode se tornar confuso e incoerente.

E ser um líder assertivo significa unir o melhor da humanidade – empatia, cooperação e visão estratégica – com a potência da tecnologia, ajudando sua equipe a navegar com confiança pela rapidez do mundo atual e alcançar resultados que importam.

Mais do que um estilo de gestão, liderança assertiva se tornou uma competência essencial para construir empresas resilientes, capazes de prosperar em tempos de incerteza. Afinal, liderar assertivamente não é só sobre o que fazemos, mas sobre como inspiramos as pessoas a agir com clareza, confiança e propósito.

Autoavaliação das 10 habilidades do líder assertivo

Este exercício permitirá que você avalie seu nível de desenvolvimento em cada uma das 10 habilidades essenciais da liderança assertiva. Responda honestamente e, ao final, elabore um plano de ação para aprimorar suas competências.

Instruções:

Para cada habilidade, avalie-se em uma das três escalas abaixo:

Avançado: Pratico esta habilidade de forma consistente e eficaz.

Intermediário: Tenho a habilidade desenvolvida, mas posso aprimorá-la.

Básico: Preciso desenvolver esta habilidade.

1. Visão estratégica e foco no propósito

Consigo alinhar minhas ações ao propósito maior da organização e ajustar estratégias conforme a necessidade de mudanças?

( ) Avançado ( ) Intermediário ( ) Básico

2. Comunicação autêntica e transparente

Sou claro, coerente e verdadeiro na minha comunicação gerando confiança na equipe?

( ) Avançado ( ) Intermediário ( ) Básico

3. Autoconsciência e autodomínio emocional

Sei reconhecer e controlar minhas emoções para agir de forma assertiva?

( ) Avançado ( ) Intermediário ( ) Básico

4. Capacidade de escuta ativa para resolver conflitos

Consigo lidar com divergências de maneira respeitosa, imparcial e colaborativa?

( ) Avançado ( ) Intermediário ( ) Básico

5. Flexibilidade cognitiva e resiliência

Adapto-me bem a mudanças e enfrento desafios com coragem?

( ) Avançado ( ) Intermediário ( ) Básico

6. Uso inteligente da tecnologia e mentalidade ágil

Procuro estar antenado com as ferramentas tecnológicas para otimizar processos e melhorar a eficiência?

( ) Avançado ( ) Intermediário ( ) Básico

7. Capacidade de acolher diferenças com empatia

Consigo compreender e valorizar diferentes perspectivas dentro da equipe?

( ) Avançado ( ) Intermediário ( ) Básico

8. Capacidade de tomar decisões ágeis e imparciais

Tomo decisões baseadas em fatos e fico atento para não permitir a influência de possíveis vieses emocionais?

( ) Avançado ( ) Intermediário ( ) Básico

9. Desenvolvimento de pessoas e foco no potencial da equipe

Invisto no crescimento da minha equipe, incentivando aprendizado e desafios, com foco no potencial e não nas limitações das pessoas?

( ) Avançado ( ) Intermediário ( ) Básico

10. Humildade e mentalidade de crescimento

Recebo feedbacks de forma construtiva e busco sempre melhorar minha performance?

( ) Avançado ( ) Intermediário ( ) Básico

Reflexão Final

- Em quais dessas habilidades você acredita ser forte?
- Quais áreas você considera que precisam de mais desenvolvimento?
- Quais ações você pode adotar imediatamente para melhorar suas habilidades de liderança assertiva?

A liderança assertiva é uma jornada de aprendizado contínuo. Use esta avaliação como um ponto de partida para sua evolução como líder!

3. LENTES DA PERCEPÇÃO: A VISÃO QUE DEFINE O LÍDER

O que você vê? As lentes da sua liderança

Quando falamos em comunicação humana, onde tudo começa? Nas lentes de percepção que você usa ao se relacionar com as pessoas. Como assim?

As lentes da percepção são formas pelas quais interpretamos e damos significado às situações, pessoas e eventos ao nosso redor. Elas funcionam como filtros subjetivos que moldam nossa visão de mundo, influenciando nossos pensamentos, comportamentos e decisões. Essas lentes são formadas por uma combinação de experiências pessoais, crenças, valores, emoções e contextos culturais ou sociais. Podemos nomear esse conjunto de fatores como um repertório interno, no qual nos baseamos para criarmos nossa própria realidade, a qual vai determinar os diversos tipos de relacionamentos que escolhemos vivenciar no dia a dia.

Quero destacar três aspectos que caracterizam essas lentes da percepção:

1. Cada pessoa percebe o mundo de maneira única, com base em suas próprias "lentes". Isso significa que a mesma situação pode ser interpretada de forma completamente diferente por cada pessoa.

2. As lentes influenciam como nos comunicamos, reagimos e nos relacionamos. Por exemplo, uma lente mais negativa pode fazer alguém enxergar desafios como ameaças, enquanto outra pessoa os vê como oportunidades.

3. As lentes que usamos moldam como percebemos o mundo, mas também são moldadas por como o mundo nos responde. Por exemplo, crenças reforçadas por experiências repetidas tendem a se consolidar.

Vamos entender finalmente quais são as três lentes da percepção que impactam na comunicação do líder.

As três lentes: prepotente, impotente e potente

- Lente Potente: Baseada na autoconfiança e no otimismo, esta lente enxerga as situações como oportunidades e acredita na capacidade de superá-las.

- Lente Impotente: Tende a ver o mundo com insegurança, medo ou baixa autoestima, percebendo desafios como insuperáveis.

- Lente Prepotente: Enxerga os outros de maneira crítica ou inferior, gerando relações baseadas em controle ou autoritarismo.

Por que conhecer as lentes da percepção é relevante na liderança?

Entender e ajustar suas lentes da percepção é essencial para uma liderança assertiva, pois essas lentes são usadas como uma ferramenta para ajudar líderes e profissionais a compreender como suas percepções podem impactar sua postura, suas decisões e o modo como lidam com desafios e relacionamentos.

Uma liderança eficaz requer autoconsciência para identificar quais lentes estão em uso e, quando necessário, ajustá-las para criar interpretações mais produtivas, justas e alinhadas com os objetivos coletivos.

Se você líder tiver consciência da sua lente em uso, terá condições de clarear sua intenção na sua comunicação e mudar a lente reativa para uma lente potente.

A intenção por trás da fala: o que ninguém vê

Por que é importante tomar consciência da sua intenção? Porque o sucesso no processo de influência do líder vai depender da sua intenção, definida pela lente de percepção.

Sua intenção pode ser:

1. Ser vencido pelo outro
2. Manipular o outro ou dissimular sua verdadeira intenção
3. Vencer o outro
4. Vencer com o outro

Ser vencido pelo outro = Lente da Impotência

Se sua intenção é ser vencido pelo outro, você estabelecerá relações de Perde-Ganha, ou seja, perde você e ganha o outro. Isso porque você adota a lente de percepção da IMPOTÊNCIA. E todo seu comportamento sofrerá o impacto desta lente, levando-o a usar a estratégia de fuga e evitação de riscos, o que define uma postura passiva.

Ao usar esta lente, o líder adota um comportamento passivo e assim, não deixa claro as suas necessidades, seus pensamentos e seus sentimentos, permitindo que o time determine ao líder como se posicionar frente às situações do trabalho.

Sente-se impotente e frustrado por não conseguir ter êxito em seus objetivos. Dessa forma, a experiência negativa derruba sua autoconfiança e autoestima, comprometendo seu autorrespeito, além de perder o respeito dos outros.

O líder não assertivo (passivo) tende a pensar na resposta depois que a oportunidade passou. Fica normalmente ressentido consigo próprio, com a sensação altamente desconfortável de "ter engolido mais um sapo". Normalmente, esse estilo de comportamento usa uma linguagem extremamente cuidadosa para não arriscar agredir o time, porém é violento consigo mesmo, pois cede em seus direitos em prol do time.

O ouvido desse estilo é passivo, ou seja, escuta apenas aquilo que possa lhe causar segurança e o menor risco possível. O ouvir seletivo determina sua forma de expressão, de sua linguagem reativa, verbal e não verbal.

Exemplos de frases:

- Não tem problema, pode deixar que eu faço.
- Amanhã eu vejo a solução.
- Por favor, você poderia fazer esse favor, se não for incômodo?
- Eu não tenho problema com você, mas o diretor quer que você mude seu comportamento.
- Eu não atingi as metas porque não tive o apoio da equipe.
- Veja bem, eu tentei... Talvez eu deveria ter colaborado mais.
- Ah, você não conseguiu fazer o relatório que você prometeu? Não tem problema. Para quando você acredita ser possível? Ah, você tem outras prioridades? Então, deixe que eu faço.

Podemos perceber que por trás dessa linguagem passiva existe uma expectativa de reciprocidade, ou seja, a pessoa se posiciona passivamente na situação, sendo agradável e condescendente com o problema e com o outro, esperando, com isso, que o outro também faça o mesmo. O pior é que, normalmente, essa reciprocidade não acontece, levando a pessoa passiva a sentir a famosa raiva de si e do outro. Com o passar do tempo, a raiva acumulada se torna mágoa, o que leva esse líder passivo concluir que é inútil ser bonzinho. Porém, nem sempre vai para o ataque direto, pois uma postura explosiva no trabalho não é politicamente correta.

Pelo fato de bloquear a liberdade de expressão verdadeira de sentimentos, opiniões e necessidades, o comportamento passivo pode ser substituído pelo comportamento dissimulado e manipulador, buscando influenciar as pessoas para atingir os objetivos. O líder dissimulado costuma adotar as duas lentes impotente e prepotente simultaneamente.

Manipular o outro = Lentes da impotência e prepotência

Agora, se a intenção é dissimular sua verdadeira intenção, o líder adotará as duas lentes: impotente e prepotente e o resultado será um comportamento passivo-agressivo, aquele que joga para ganhar, disfarçado de bonzinho ou de sedutor, ou mesmo de brincalhão irônico e sarcástico.

Neste caso, a comunicação do líder é confusa porque transmite duas mensagens simultâneas, com intenções diferentes, o que dificulta o entendimento pela falta de clareza e transparência. Na verdade, os sentimentos negativos guardados estimulam o líder a "cuspir" a raiva e outras emoções em doses homeopáticas, refletindo um acerto de contas constante e sem fim.

Como emissor, este estilo de líder faz insinuações quando quer dizer algo que está incomodando, se questionado, não assume a verdadeira intenção:

— Honestamente? Eu, se fosse você, prestava mais atenção na fulana. Eu não sei não, mas parece...

— Olhe, vou sair para uma reunião, e você como meu braço direito, fique de olho na turma e depois me conta, hein! Você sabe, fulano é folgado.

Esse estilo usa a sedução para influenciar o time quando quer algo fora dos padrões, ou conseguir favor, permissão ou mesmo quando quer a aceitação do outro, pois acredita que só atingirá seu objetivo se agradar o seu interlocutor. Exemplos:

— *Olhe o presentinho que trouxe para você! É a sua cara!*

— *Você é o meu funcionário predileto, e por isso espero que você fique o fim de semana trabalhando comigo, depois te dou um presentinho especial.*

— *Como você está bonita! Você me faz um favorzinho?*

Se não tiver reciprocidade, sente-se contrariado e pode partir para a chantagem emocional, como:

— *Poxa, fiz um sacrifício para promover você e agora você não quer me dar uma força? Eu sempre me lembro de você, falo bem de você para o diretor e não tenho r*etribuição!

Esse estilo também possui uma faceta de jogador, e seu jogo predileto é jogar com a vida das pessoas, colocando um contra o outro, distorcendo os fatos ao seu favor e contra os interesses dos outros. Os alvos prediletos desse estilo são as pessoas frágeis e carentes, as desinformadas e as tomadas por ressentimentos, inveja ou ciúme. Normalmente, são presas fáceis de suas intenções. Porém, as pessoas fortalecidas não se deixam ser facilmente manipuladas e se protegem com firmeza e autoconfiança.

Cabe aqui uma ressalva: existem pessoas que engolem muitos sapos, sentem-se ameaçados, não têm coragem de enfrentar os conflitos e se comunicam com insinuações e ruminações, porém não têm a faceta manipuladora e sedutora. Se confrontados, voltam para o estilo passivo, retraindo-se e fechando-se em seu mundo até o momento de não suportar mais o isolamento e partir para novas insinuações.

Como ouvinte, esse estilo presta atenção nos pontos fracos, nas necessidades e nos interesses das pessoas e os guarda no banco de dados de sua mente, para uso próprio. Em seu planejamento, utiliza as informações obtidas sobre a pessoa para criar argumentos emocionais para fisgá-la.

Bem, um líder não consegue se equilibrar em jogos de sedução e manipulação todo o tempo. E quanto mais tempo reprimir seus sentimentos e sentir-se frustrado, mais agressivo será o esvaziamento emocional da pessoa. É a comunicação agressiva marcada pelo ataque e pela invasão do espaço territorial do outro.

Vencer o outro = Lente da prepotência

Se sua intenção é vencer o outro, você estabelecerá relações de Ganha-Perde, ganha você e perde o outro. Isso porque você adotou a lente de percepção da PREPOTÊNCIA. E todo seu comportamento sofrerá o impacto dessa lente, levando-o a usar a estratégia de ataque, o que define uma postura agressiva.

Quando o líder adota esta lente, costuma expressar seus desejos e necessidades de maneira negativa e hostil, enquanto não considera os direitos do outro. O comportamento agressivo sempre tem o objetivo de vencer, depreciando e ignorando o outro.

Sua comunicação pode ser caracterizada simplesmente por um **não** mal falado, uma crítica no momento errado, uma dificuldade de ouvir o outro, um ato de exclusão, chegando até a explosão furiosa. Como emissor, esse comportamento utiliza uma estrutura de linguagem conflitante e culpabiliza seu interlocutor. Exemplos:

— *Você viu a besteira que você fez no relatório?*

— *Você atrasou a minha vida.*

— *Eu percebi que fulano não ia dar conta, por isso fiz minha parte. Agora, você vai cobrar o resultado dele, não tenho nada com isso. O problema não é meu.*

— *Olhe, acho que você não entendeu. Quem está pedindo é o diretor.*

— *Fulano é tão ignorante, que é melhor escrever passo a passo ou então desenhar.*

Com frequência, usa o verbo no imperativo e a primeira pessoa do singular (eu quero) para expressar seus desejos e necessidades. Quando um erro acontece, esse estilo culpabiliza seu interlocutor, usando a terceira pessoa do singular (você é um incompetente!) em tom de crítica. Além disso, faz julgamentos, normalmente preconceituosos (não confio no fulano porque ele não olha nos meus olhos), e críticas generalizadas, sem ser específico (você só faz coisas erradas e chega sempre atrasado).

Seu ouvido se torna vulnerável pelo medo de perder a guerra ou por não valorizar a opinião do outro, impedindo-o de ouvir as ideias, os desejos e as necessidades de seu interlocutor.

Exemplos:

— *Nem quero ouvir o final, pois já sei o que aconteceu.*

— *Pode parar, você está falando bobagem.*

— *O que você pensa realmente não me interessa.*

Vencer com o outro = Lente da potência

Agora, se você resolveu adotar a lente da potência, a escolha é sensata e sua intenção de ganhar com o outro impacta positivamente o seu time, gerando confiança e pertencimento. É a escolha da estratégia de enfrentamento das situações.

Quando o líder adota este comportamento, expressa suas necessidades, pensamentos e sentimentos, honesta e diretamente, sem violar os direitos do outro. O líder desenvolve controle de si nas relações interpessoais, sente-se confiante, é espontâneo na expressão dos sentimentos, e não demonstra hostilidade em situações eventuais de invasão por parte de outras pessoas, apenas dá limites e deixa claro os limites do seu território.

É um comportamento usado pelo líder maduro, com equilíbrio emocional, guiado por crenças racionais e positivas, buscando, através da racionalidade e objetividade na comunicação, eliminar, o máximo possível, os vieses cognitivos que distorcem a realidade de fato. Essa é a lente preferida do líder assertivo.

Para concluir, o líder, diante de uma situação ameaçadora ou não, pode escolher as lentes defensivas (prepotência e impotência) ou a lente assertiva (potente).

Quando o líder usa lentes distorcidas: prepotência e impotência em ação

Imagine-se nesta situação:

> *Em um passado recente, você foi bastante elogiado pela sua performance no atingimento de excelentes resultados juntamente com seu time.*
> *Porém, você foi designado para um novo projeto, mas, durante o desenvolvimento, você se deparou com condições precárias para obter sucesso no seu trabalho, e por vezes, deixando-o muito inseguro na sua execução. Mesmo assim, seu time se desdobrou, deu o seu melhor sem fazer reclamações sobre falta de informações, falta de apoio da direção e erros na configuração do projeto. Ao final, você recebeu um feedback totalmente negativo, condenando a performance do seu time. Você se sentiu muito mal, e logo pensou na sua imagem perante todos. Você ficou bem arrasado. Num primeiro momento você sentiu um misto de raiva pela injustiça, vergonha e medo do que poderiam pensar a seu respeito.*

Como agir diante dessa situação? Escolheu o comportamento defensivo? Então acaba de fazer uma escolha inconsciente e colocou a lente da impotência ou da prepotência.

Se você fizer uma escolha inconsciente, impulsionado puramente por uma emoção aflitiva, tais como raiva e medo, é provável que você escolherá o comportamento defensivo e certamente se colocará na posição de vítima ou algoz. Seu comportamento poderá ser agressivo, passivo ou passivo-agressivo.

- Se escolher o comportamento agressivo, é provável que você cobrará as pessoas sobre o prejuízo que lhe causaram com a falta de informações e mal desempenho.

- Se escolher o comportamento passivo, é provável que você desistirá do projeto, pedirá desculpas pelo resultado ruim e por não atender às expectativas da empresa. Pode ser que você, inclusive, peça demissão, como uma forma de fugir da situação.

- Se escolher o comportamento passivo-agressivo, é provável que você "subirá no salto alto" e fará ironias com as pessoas, insinuando o quanto é difícil trabalhar com pessoas confusas e incompetentes. Poderá, inclusive, pedir demissão, como vingança, querendo com isso mostrar o quanto você é superior a todos e que não precisa desse emprego. Sabe aquela frase? "Esta empresa não me merece!!!"

Você talvez nem perceba, mas sua razão não estará no controle da situação e sim as suas emoções, principalmente a raiva. Com a raiva permeando sua percepção, você tornará a realidade totalmente distorcida, e precisará armar-se de mecanismos de defesa para sobreviver à sua dor emocional, causada pela sensação de incapacidade.

Não queremos com isso dizer que medo e raiva sejam emoções ruins, mas aparecem como forma de proteção contra suas dores emocionais.

O que queremos mostrar é que, em uma situação parecida, medo e raiva podem facilmente fisgá-lo e levá-lo para uma estratégia defensiva, caminho onde suas reações serão improdutivas e causarão um estrago à sua autoestima, alimentando-a com vingança, mágoa e vieses que enganarão sua autoconsciência.

Tenha certeza, nada ficará resolvido porque os nutrientes dos seus pensamentos serão negativos, e esses pensamentos podem retornar em situações similares, influenciando suas escolhas e decisões, impedindo-o, muitas vezes, de atingir suas metas e realizações.

Podemos entender, assim, porque existem muitos profissionais mal resolvidos, pessimistas, vingativos, não colaborativos e são facilmente percebidos pela que utilizam como estratégia de proteção (ataque e fuga).

Impactos das lentes prepotente e impotente

a) Acúmulo de pendências emocionais

Nosso emocional funciona como uma contabilidade de crédito e débito, onde você vai contabilizando perdas e ganhos: ganho é tudo aquilo que lhe causa satisfação e realização e perda é tudo aquilo que lhe causa desconforto e, não bem solucionado, se torna uma pendência no seu emocional.

O acúmulo de pendências emocionais atrapalha sua imparcialidade e flexibilidade em situações de tomada de decisões, porque seu pensamento distorcido passa a ser guiado pela emoção presente. Enquanto a pessoa está focada em procurar o culpado dos seus problemas, seu pensamento é negativo, suas energias são roubadas para "ataque ou fuga" e a solução normalmente não é eficaz e efetiva.

b) Falta de transparência

A pessoa defensiva se enche de "segredos" porque precisa esconder seus verdadeiros sentimentos de inadequação e incompetência, através dos seus mecanismos de defesa.

c) Criação de conflitos improdutivos

A pessoa defensiva atrapalha a sua vida e a das pessoas que trabalham e interagem funcionalmente com ela, gerando desconfiança e distanciamento.

d) Resistência às mudanças

É típico do comportamento defensivo ser reativo às mudanças, pois seu desejo maior é não arriscar sofrer novamente aquele dano emocional.

Assim, para se proteger, a pessoa defensiva prefere permanecer na zona de conforto, apresentando algumas reações como: pessimismo, do contra, negativismo, indiferença, fingindo apoio, fofoca, etc. Você conhece alguma dessas atitudes?

e) Influência negativa

No dia a dia, todos nós queremos influenciar pessoas através da nossa comunicação. Queremos convencer e persuadir as pessoas sobre o que sentimos, pensamos e queremos dos outros. Um líder defensivo usa estratégias comunicacionais nem sempre respeitosas e positivas, seja agredindo, seja se submetendo, ou manipulando e seduzindo os outros.

Afinal, o que um líder prepotente e impotente busca nas pessoas para obter o seu SIM?

- O agressivo se mostra forte na postura, nas palavras e usa mais poder do que tem porque quer neutralizar a resistência do outro e causar temor para impor sua vontade;
- O passivo se mostra frágil e dócil porque quer obter compaixão e, às vezes, fazer o outro se sentir culpado e resolver seu problema, e
- O passivo-agressivo se mostra ambíguo porque quer, de forma subliminar, neutralizar as objeções e vontades do outro, através da sedução e manipulação emocional, para conseguir sua concordância e chegar aos seus objetivos, sem considerar os interesses do outro.

A lente potente em cena: a força da clareza e do respeito

Ao optar pela lente potente, provavelmente você agirá da seguinte forma:

1º) Você vai assumir que a situação lhe causou total desconforto e fará contato com sua raiva, medo e tristeza, nomeando para si, o sentimento que está sentindo para acalmar seu emocional.

2º) Após controlar seu emocional, você vai avaliar a situação para entender o que aconteceu, e assumir a responsabilidade pelos seus erros e entender a responsabilidade dos outros.

3º) Você vai se preparar para um confronto assertivo com o outro que lhe causou o desconforto. Como?

A. Tendo compaixão de si e listando todas as realizações que você já alcançou para reforçar sua autoestima de forma positiva.

B. Aceitar que você não é perfeito e nessa situação você pode ter cometido erros, assim como o outro também.

C. Pensar nas alternativas de solução a serem negociadas com seu cliente parceiro, que podem ser:

1. No pior cenário, você sai do projeto.

2. No melhor cenário, você realinha as expectativas e continua

no projeto, porém com um novo alinhamento de suas responsabilidades.

4º) Você vai encarar e se reunir com seu cliente parceiro para uma conversa produtiva, onde você vai ser sincero no seu posicionamento. Assumirá sua parte no problema e, sem acusação, deixará claras as dificuldades causadas pelos colegas, e juntos, tomarão uma decisão.

O que você ganha ao resgatar seu sentimento de competência? Você vai sentir um grande alívio e orgulho da sua coragem ao enfrentar uma situação difícil com a cabeça erguida. Esta escolha consciente e assertiva fortalecerá seus recursos emocionais, dando-lhe resiliência para enfrentar situações de risco, levando-o a resolver o que tem que ser resolvido.

Veja que agindo assertivamente você cria uma nova história para sua vida, uma experiência positiva que reforça suas crenças transformadoras sobre você e suas escolhas.

Agora, uma pergunta: você tem consciência de qual lente tem mais usado nas suas conversas com o time? Que tal fazer um exercício de autoanálise? Assinale com X a resposta mais adequada ao seu comportamento como líder?

PASSIVO

Características	Quase Sempre	Às vezes	Raramente
1. Usa comunicação submissa e reativa			
2. Prefere se omitir e não correr riscos			
3. Vitimiza para não assumir responsabilidade			
4. Foca no problema e não na solução			
5. Diz mais SIM e sente desconforto em dizer NÃO			
6. Procrastina o enfrentamento de situações difíceis			
7. Atende mais as expectativas do outro do que as próprias expectativas			
8. Tem empatia excessiva e prejudicial			
9. Põe "pano quente" no conflito			
10. Negocia perde-ganha			
Totais			

AGRESSIVO

Características	Quase Sempre	Às vezes	Raramente
1. Usa comunicação agressiva e reativa			
2. Julga com a intenção de desqualificar o outro			
3. É focado no erro do outro			
4. Confronta e expõe pessoas			
5. Impaciente e intolerante			
6. Tem dificuldade para elogiar			
7. Diz excessivamente Não e pouco Sim			
8. Cultiva e enfrenta conflito de peito aberto			
9. Não suporta ser contrariado			
10. Negocia ganha-perde			
Totais			

PASSIVO/ AGRESSIVO

Características	Quase Sempre	Às vezes	Raramente
1. Usa comunicação indireta e dúbia			
2. Dissimula sua verdadeira intenção			
3. É sedutor quando quer algo do outro			
4. Ironiza o sucesso do outro para disfarçar seus sentimentos			
5. Congela pessoas para dar recado de sua insatisfação			
6. Mostra o que sente pela sua expressão corporal			
7. Não expressa seus sentimentos negativos para pessoa certa			
8. Faz chantagem emocional para conseguir o que deseja			
9. Faz bem o papel de "perseguidor" e "salvador"			
10. Torce contra e boicota o outro no silêncio			
Totais			

ASSERTIVO

Características	Quase Sempre	Às vezes	Raramente
1. Usa a comunicação assertiva, clara, objetiva e generosa			
2. Analisa o contexto para escolher o jeito certo de se posicionar			
3. Recua estrategicamente quando for a melhor resposta na situação			
4. Escuta atentamente as ideias e valida os sentimentos do outro			
5. Comprova a verdade com fatos e dados			
6. Posiciona-se com firmeza e autoconfiança			
7. É imparcial e objetivo ao analisar e propor solução ao problema			
8. Sabe dizer SIM e NÃO sem ansiedade			
9. Gerencia o conflito e aceita as diferenças com empatia			
10. Negocia ganha-ganha			
Totais			

Conclusão

Esse exercício tem o intuito de levar você a uma reflexão sobre suas escolhas posturais nos seus relacionamentos profissionais e pessoais.

Comportamentos passivo, agressivo e passivo-agressivo:

1. Respostas quase sempre: indicam que você tem a tendência a se sentir ameaçado e usar a lente de percepção correspondente, na maior das vezes, o que pode lhe causar estresse, conflitos e situações mal resolvidas. Usar as lentes da impotência ou prepotência, dificulta sua vida, prejudica sua carreira e sua saúde física e emocional. É preciso investir no seu autoconhecimento e descobrir quais são as crenças que estão bloqueando sua autoconfiança, e treinar a assertividade.

2. Respostas às vezes: indicam que você, em algumas situações e pessoas específicas, tem a tendência a perder sua autoconfiança e agir movido pela emoção (raiva ou medo).

3. Respostas raramente: indicam que sua escolha é a lente potente. Confirme isso nas suas respostas do comportamento assertivo.

4. AMOR OU DOR: QUAL É O SEU ESTILO DE LIDERANÇA

Liderar pelo amor ou pela dor? Eis a questão

Quando falamos de liderança, a primeira coisa que vem à mente é o tipo de ambiente que o líder cria. Será que você lidera sua equipe com base no respeito, motivação e confiança, ou o medo e a pressão são os grandes motores?

Liderar pelo amor implica em entender os limites de cada um, ser flexível e apoiar no crescimento contínuo. Já liderar pela dor, muitas vezes, é escolher o caminho mais difícil, onde as cobranças excessivas podem gerar tensão, resistência e até burnout.

Esse é o ponto que vamos explorar: você é aquele líder que inspira pelo exemplo, que orienta com empatia, ou aquele que impõe a sua autoridade, onde a dor e o sofrimento estão no centro das decisões?

Esse questionamento nos leva a pensar sobre o equilíbrio entre as expectativas que colocamos nas pessoas e como as tratamos ao longo do processo.

E para entender como suas escolhas podem impactar o engajamento e motivação da sua equipe, é interessante você conhecer o que as pessoas buscam no trabalho, quais são as expectativas de um profissional nas relações interpessoais no trabalho.

O que a equipe espera de você

Para entendermos por que o profissional adota comportamentos defensivos ou assertivos, é preciso conhecer como as necessidades sociais do ser humano funcionam e, mais, precisamos compreender quais são as expectativas de um profissional nas relações interpessoais no trabalho.

Todo profissional espera ser visto como alguém importante, ser levado a sério, ter controle da situação e da própria vida, e finalmente, ser aceito e querido pelas pessoas mais importantes para ele. Quando isso não acontece, esse profissional pode se sentir rejeitado, ignorado e humilhado. Esses sentimentos negativos levam a pessoa a se ressentir e expressar sua mágoa através da raiva. Enfim, todas essas necessidades do ser humano culminam na busca de um único sentimento: o RESPEITO HUMANO. Uma pessoa respeitada tem autorrespeito e sente orgulho de si. Uma pessoa se sente respeitada quando percebe seus direitos não invadidos e levados a sério.

O problema é que muitos profissionais exageram na busca de aceitação social e perdem o comportamento maduro e assertivo.

Para discutir isso, faço a seguinte provocação: você se preocupa com a opinião alheia? O quanto você se preocupa com o que os outros vão pensar sobre você?

De 0 a 10, "sendo 0 ignoro" e 10 "Sou totalmente dependente do que as pessoas vão pensar de mim".

0___1___2___3___4___5___6___7___8___9___10

Você deve ter ouvido que uma pessoa segura e autoconfiante decide com base em seus pensamentos, independente do que os outros pensam.

Quero propor a você algumas reflexões para clarificar o significado dessa afirmação.

Você acredita que existe alguém que não se preocupa nem um pouco com a opinião alheia?

Sim, existe! Aquele que já jogou a toalha e desistiu dos relacionamentos saudáveis, pois acredita que não tem mais nada a perder e pouco se importa com o outro.

Mas você que tem sangue nas veias, tem propósito na vida e quer construir bons relacionamentos, sabe muito bem o quanto é salutar ter uma boa reputação junto às pessoas com quem você tem respeito e consideração.

Sim, a opinião alheia influencia suas decisões. Sabe por quê? Simplesmente porque o ser humano é um ser social! Porque é inerente ao ser humano cuidar da sua autoimagem perante si e perante os outros.

Seu autoconceito é determinante para sua autoestima, porém, a sua reputação, na visão de pessoas importantes para você, também tem forte impacto na sua autoestima.

Três desejos universais: inclusão, controle e afeto.

inclusão, controle e afeição

Will Schutz, psicólogo americano, concluiu em suas pesquisas que, ao ser analisado em seu convívio social, o ser humano busca se realizar em três necessidades sociais: inclusão, controle e afeto.

Ele mostra, em seu livro Profunda Simplicidade, que como o ser humano lida com essas necessidades vai definir o seu grau de maturidade social, o quanto se sentirá aceito, adequado e seguro nos seus relacionamentos.

Schutz mostra que:

- O comportamento da inclusão se manifesta como o desejo de atenção, de interação, de se distinguir dos demais. A ansiedade da inclusão origina-se do medo de ser insignificante. O problema aqui é estar fora ou dentro da vida do outro.

- O comportamento de controle se refere ao processo de tomada de decisão entre as pessoas na área do poder, da influência e da autoridade. O problema aqui é estar acima ou abaixo do outro.

- O comportamento do afeto se manifesta pela necessidade de criar vínculos emocionais. O problema aqui é sentir-se íntimo ou distante do outro.

Essas necessidades sociais bem resolvidas nutrem positivamente o nosso autoconceito, pois quando somos incluídos, nos sentimos importantes e assim sentimos que fazemos a diferença no ambiente; quando assumimos papéis e responsabilidades sentimos que somos competentes e temos poder de influência sobre as pessoas, quando criamos vínculos sentimos que somos aceitos e queridos.

Assim, todos nós buscamos saciar essas necessidades sociais e, enquanto elas são atendidas, nos sentimos bem integrados ao meio, com autoestima equilibrada e autoconfiantes.

E quando essas necessidades sociais não são atendidas?

Exclusão, humilhação e rejeição

Neste contexto, podemos sentir desapontamento, menos valia, insegurança e autoestima baixa. E o que acontece? Simplesmente, corremos o sério risco de escolhermos o comportamento defensivo, porque, a partir do momento que estabelecemos estratégias de defesas nos relacionamentos sociais, as nossas ações serão movidas por três tipos de medo: exclusão, humilhação e rejeição.

Como sabemos, o medo é uma emoção que nos protege e nos avisa sobre os riscos da exclusão, da humilhação e da rejeição. Isso nos leva a ser agradáveis e gentis com os outros, pois só teremos uma reciprocidade positiva se despertarmos no outro, bons sentimentos de aceitação e respeito.

Como vê, o problema está no equilíbrio da balança entre levar ou não em conta a opinião alheia. Quando suas escolhas são baseadas exclusivamente para agradar ao outro, você se submete ao outro, você abdica de seus próprios pensamentos e desejos. O seu eu real fica em segundo plano e toda sua atenção focará o seu eu desejado pelos outros. Seus desejos e suas necessidades passam a ter menor importância e ficam no segundo plano de prioridades. Você se torna obstinado em conseguir a aceitação, o elogio e o afeto daquela pessoa considerada muito importante para seu bem-estar.

Você fica à mercê do outro. Quando somos devorados pelos três medos, perdemos o equilíbrio entre agradar a mim ou agradar ao outro, e nosso comportamento passa a operar no grau 10, totalmente passivo ou no grau 0, totalmente agressivo.

EQUILÍBRIO É TUDO!!! Assertividade é equilíbrio!

Ao assumir comportamentos equilibrados, conseguimos desenvolver uma boa reputação na percepção das pessoas, pois demonstramos iniciativa, competência e abertura nos relacionamentos, o que nos torna autoconfiantes e assertivos.

Assim, podemos concluir que o equilíbrio sempre é o ideal, ou seja, antes de tomar uma decisão, é conveniente que você pare e, empaticamente, analise os impactos nas pessoas envolvidas. Somente depois desse exercício de reflexão imparcial e consciente, você parte para a decisão. Tenha certeza, você sentir-se-á bem mais adequado, aceito e confiante.

Entendendo a teoria de Schutz, ficam mais claras as estratégias de influenciar uma equipe de trabalho. O líder atua diretamente nas necessidades sociais das pessoas, ameaçando-as ou garantindo o bom atendimento dessas necessidades.

E aí, líder: você inspira ou intimida?

Quando lideramos pelo amor, a coisa flui. O líder respeita as necessidades sociais do time e incentiva cada pessoa a cuidar do que é seu — desenvolvendo autoconfiança e autoestima. É aquele líder que faz questão de mostrar, no dia a dia, o quanto cada colaborador é importante, competente e querido por ele e por todos. E quando aparece um comportamento que não está alinhado, esse líder sabe ter uma conversa franca e assertiva, oferecendo um feedback construtivo. Ele alinha expectativas e cria, com o colaborador, um plano de ação para melhorar.

Liderar pelo amor também significa criar um ambiente onde as pessoas se sintam seguras para serem quem são. É sobre estimular um clima de emoções positivas, tirar o melhor de cada um, ouvir suas ideias e fazer com que se sintam incluídos, valorizados e parte do jogo.

Agora, quando a liderança vem pela dor, o cenário muda — e não para melhor. Esse líder acaba atuando contra as necessidades sociais da equipe. Como? Criando medo de exclusão com ameaças de perder o cargo, dando feedbacks depreciativos na frente dos outros, ou até ignorando e se distanciando emocionalmente. Isso alimenta insegurança, raiva e aquele sentimento de rejeição. A ideia por trás disso? Manter o controle pelo medo e reforçar o poder do líder.

A pergunta que fica é: qual legado você quer deixar na sua equipe? Liderar pelo amor constrói, enquanto liderar pela dor destrói. E a escolha, líder, está nas suas mãos.

Faça este exercício de reflexão: liderança pelo amor ou pela dor?

Reflita sobre o estilo de liderança que você exerce e as suas escolhas em relação ao ambiente que cria para a sua equipe.

Como você descreve seu estilo de liderança atualmente? Escolha uma das opções abaixo:

1. Liderança pelo amor: eu lidero com empatia, respeito, e me esforço para apoiar o crescimento contínuo da minha equipe.

2. Liderança pela dor: eu uso a autoridade e o medo para garantir que as coisas sejam feitas.

Pense em uma situação recente em que você exerceu sua liderança de forma mais marcante. Como seus colaboradores reagiram? Como você acha que se sentiram? (Exemplo: engajados, desmotivados, respeitados, humilhados etc.)

Reflita sobre as necessidades de *Inclusão*, *Controle* e *Afeto* citadas por Will Schutz. Como essas necessidades são atendidas ou ignoradas na sua equipe? Suas ações contribuem para que seus colaboradores se sintam incluídos, competentes e queridos?

Qual é o impacto da minha liderança nas pessoas? Meus colaboradores se sentem respeitados, ou há medo e tensão no ambiente de trabalho?

Qual tipo de líder eu quero ser? Como posso mudar ou reforçar o meu estilo de liderança para alinhar mais com o amor, promovendo um ambiente mais saudável e motivador?

Esse exercício ajudará a refletir sobre suas escolhas de liderança, o impacto dessas escolhas e como você pode ajustar sua abordagem para garantir que sua equipe se sinta em um ambiente com segurança psicológica.

5. COMUNICAÇÃO COM PROPÓSITO: A DANÇA ASSERTIVA

Conexões maduras: o passo inicial da dança

Sabe aquela competência que é um verdadeiro trampolim para a sua carreira? É a comunicação. E não qualquer uma – tem que ser assertiva.

Muita gente acredita que sucesso profissional vem apenas de um domínio técnico impecável. Já vi vários profissionais que apostam tudo nessa fórmula e constroem sua comunicação apenas no estilo argumentativo e racional. Eles se apoiam nos fatos, dados e uma boa dose de autoconfiança para comprovar que estão certos. Isso funciona... por um tempo.

A questão é que, enquanto o trabalho é mais técnico e individual, até dá para sustentar os resultados. Mas quando o cenário muda – e esse profissional assume uma posição de liderança – as coisas começam a emperrar. Por quê? Porque, agora, ele precisa de algo além de competência técnica: precisa conectar, engajar e influenciar pessoas.

E é aí que bate a dificuldade. Muitos confundem influência com sedução, achando que o segredo é adular o time para ganhar comprometimento. Só que isso não cola. Quando essas tentativas falham, o líder acaba frustrado, perdido... até que perceba que precisa mudar sua forma de comunicar-se.

O grande *insight* vem quando ele descobre que a verdadeira influência não é sobre "mandar" ou "agradar" – é sobre conexão significativa. É sobre criar uma comunicação que faça sentido para os três lados: empresa, líder e liderado. Quando o propósito do líder e da empresa se conecta com o propósito do time, a motivação vem naturalmente.

Nesse momento, o líder descobre a comunicação assertiva e encontra a chave que transforma tudo, ele aprende a linguagem racional e a linguagem emocional, a ser firme, transparente e acolhedor ao mesmo tempo. Esse líder passa a convencer e persuadir de forma verdadeira e descobre que, com uma boa dose de empatia e clareza, consegue conquistar corações e mentes – e, claro, grandes resultados.

Fale com intenção: comunicação com alma

Quando nos comunicamos sem propósito, a mensagem fica sem sentido, não tem um porquê, é estimulada apenas a obediência do time para uma execução automatizada, sem brilho nos olhos. Isso não motiva o colaborador a dar o seu melhor. Isso me faz lembrar do *Golden Circle* do autor Simon Sinek em sua obra: comece pelo por que? Como grandes líderes inspiram pessoas e equipes a agir. Sinek mostra que esse método de liderança inspira as pessoas a pensar, agir e se comunicar, a fim de criar um impacto positivo e gerar confiança. Ao longo de seus estudos, Sinek constatou que muitos líderes de sucesso pensam e agem da mesma forma e são movidos por propósitos em busca de realizar aquilo em que acreditam.

A teoria do Círculo Dourado enfatiza que muitas pessoas e empresas sabem o que fazem, algumas sabem como fazem, mas poucas têm ideia do por que fazem algo. Vejamos o significado das três perguntas:

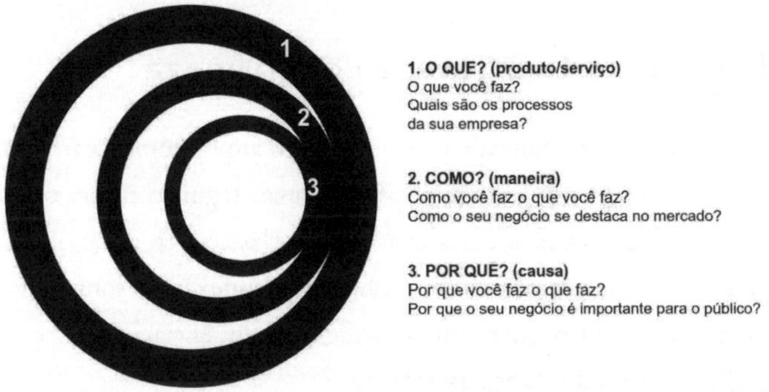

Por que? Na camada central do círculo, Simon Sinek coloca o *por que*, que nada mais é do que o propósito do seu negócio. Trata-se da razão de existir de algo, aquilo que move todas as ações e a empresa sabe o seu por que, tudo flui assertivamente.

Como? Na camada intermediária do Círculo Dourado, determinam-se as estratégias para chegar ao sucesso por meio do propósito que é o *por que*.

Nesta camada é onde se cria o plano de ação de uma empresa, com base nas crenças e valores que serviram para nortear o caminho para o sucesso.

O quê? A camada externa do Círculo Dourado (*Golden Circle*) é onde se define o que se faz ou vende. É nesse ponto da jornada que uma empresa pode expandir seus serviços.

O mais importante na metodologia não é *o quê*, mas sim o *por que*, e por isso Simon Sinek enfatiza que as pessoas não compram o que você faz, e sim elas compram o por que você faz. A comunicação com significado passa pelos 3 pontos do círculo dourado, ou seja, o líder deve considerar, na sua conversa com a equipe, o que, porque fazer e como fazer.

Outro segredo para conseguir um retorno positivo da comunicação com significado é não ver pessoas e resultados como duas partes separadas. Uma boa comunicação persuasiva e engajadora utiliza uma linguagem com foco no resultado e nas relações com a equipe.

E como conseguir uma comunicação inclusiva, engajadora e com propósito? Praticando a dança assertiva.

A dança assertiva: leveza com firmeza

Você já reparou como dançar é parecido com o ato de comunicar? Quando dançamos com alguém, a gente se preocupa em seguir o ritmo, os passos, mantendo a harmonia e evitando aquele clássico "pisão no pé". Na comunicação, acontece o mesmo: o objetivo é **conexão**. É sobre entrar no mesmo ritmo do outro, falar e ouvir na mesma frequência.

E é disso que trata a **dança assertiva**.

Esse método que criei combina cinco "ingredientes" comportamentais e me baseei em pesquisas sobre comunicação eficaz de Giles Amado, professor da Universidade de Paris. Ele já se foi, mas deixou um legado valioso que podemos aplicar no dia a dia – especialmente na liderança.

A dança assertiva requer flexibilidade e muita sensibilidade para navegar em todos os comportamentos, levando em conta o contexto (situação, local e pessoa), ou seja, hora certa, motivo certo e pessoa certa.

Às vezes, o líder precisa ser direto e firme, deixando claro o que deve ser feito, apontar os erros e buscar soluções.

Em outros momentos, o caminho é argumentar e convencer, baseando-se em fatos e dados, no conhecimento para sustentar sua argumentação.

Já em outras situações, o essencial é ouvir e entender as necessidades do time, através da empatia.

Quando a equipe precisa de uma injeção de ânimo, ou mesmo porque deu o seu melhor, atingindo os resultados esperados, o líder pode "mudar o passo" e trazer mais envolvimento, mostrando reconhecimento e reforçando a importância de cada um.

E tem mais: um líder assertivo sabe que nem sempre é hora de falar. Às vezes, o melhor é recuar estrategicamente, escolhendo um momento mais adequado para dizer o que precisa ser dito.

No final das contas, a dança assertiva é sobre liderar com equilíbrio, adaptando a comunicação conforme a necessidade e o estilo do liderado. Assim como na dança, a mágica acontece quando existe sintonia – e o resultado é uma equipe mais conectada, motivada e pronta para dar o melhor de si. Isso é comunicação assertiva. É a comunicação que engloba o convencimento e persuasão.

Convencer é falar à razão do time por afirmativas e argumentos racionais, buscando a igualdade de pensamento do emissor e receptor.

Persuadir é falar ao emocional do time através da compreensão empática e reconhecimento do outro, despertando sentimentos de importância, competência e bem-querer, levando o time à ação.

Quando unimos os dois conceitos na dança assertiva, aumenta a chance de conexão, compromisso e engajamento do time.

Primeiro passo na dança assertiva: afirmação

Quando o líder quer compartilhar o que pensa, sente ou deseja, o ingrediente ideal é a afirmação. Esse comportamento traz uma linguagem direta e objetiva, que deixa tudo claro sem rodeios. Além disso, a afirmação é perfeita para alinhar expectativas, dizendo ao outro o que você espera dele. É o momento de expressar o que gosta e o que não gosta no comportamento da equipe, compartilhar o que gera desconforto e, principalmente, estabelecer limites. É quando o líder diz "não" de forma firme, mas respeitosa, ajudando o time a entender o que é prioridade para não perder o foco.

É também o estilo comportamental ideal para "mostrar o caminho das pedras", deixando claro onde todos devem chegar. Com metas e objetivos bem definidos, o líder garante que o time sabe exatamente o destino e como chegar lá. Essa comunicação transparente evita mal-entendidos e cria um ambiente de confiança e clareza.

É como dizer: "Aqui está o que acredito, aqui está o que precisamos fazer, e juntos vamos chegar lá!"

Segundo passo da dança assertiva: vendendo suas ideias

Quando o líder quer obter a adesão e o "sim" do time, sem impor nada, o ingrediente mais adequado é a **argumentação**.

Aqui, o líder apresenta o ***porquê*** das coisas, explica os motivos por trás da mensagem, o propósito maior, e destaca os ganhos e benefícios que vêm com a ideia. É o momento de trazer fatos, dados e argumentos sólidos.

Mas tem um detalhe: a argumentação só funciona bem quando é usada com equilíbrio. Nada de rigidez ou exagero. É importante manter flexibilidade para ouvir o outro, considerar diferentes pontos de vista e ajustar o rumo da conversa, se necessário.

Esse ingrediente valoriza o diálogo verdadeiro. É quando o líder abre espaço para o time concordar ou até discordar, transformando a conversa em uma troca rica e produtiva. No fim, todos se sentem ouvidos e conectados ao objetivo maior.

Por exemplo: "Nosso objetivo ao adotar essa nova ferramenta é reduzir em até 40% o tempo gasto em tarefas repetitivas. Isso vai permitir que foquemos em atividades mais estratégicas e, ao mesmo tempo, melhore nossos resultados como equipe. O que vocês acham dessa abordagem? Alguma sugestão que podemos considerar?"

O importante aqui não é competir com a melhor ideia para vencer o outro, e sim escolher a melhor solução, independente de quem seja!

Mas, às vezes, entra em ação esta crença (eu tenho que ter razão sempre, senão pareço incompetente e inseguro) e o líder pode exagerar na argumentação e mostrar uma linguagem inflexível e insistente, impedindo a escuta ativa.

Você já se pegou falando para alguém uma destas frases?

Bem que eu te avisei! Eu te falei! Você não quis me ouvir e agora se danou! Eu sabia que isso ia acontecer!

O que significam essas frases? Elas dizem que ficamos satisfeitos quando nossas previsões acontecem, independente do que está em jogo, se o resultado é bom ou ruim. Aliás, isso não tem a menor importância, quando a questão é "estar certo e ter razão".

Descobrir que estamos certos dá um prazer imenso. Sabe por quê? Estar errado significa incompetência e típico de tolo. Assim, uma única dúvida sobre nossa verdade é suficiente para nos levar à culpa e nos envergonhar da nossa mediocridade. Por outro lado, estar certo só confirma nossa inteligência e a nossa esperteza, ou seja, a nossa competência.

De onde vem essa crença disfuncional? Do imaginário coletivo que ensina a vinculação do erro aos adjetivos que desqualificam o ser humano, tais como a distração, o desinteresse, a preguiça e a ignorância.

Isso explica porque, desde nossa idade infantil, aprendemos com nossos pais e professores que errar é coisa de gente fraca, idiota e incompetente, o que nos leva a acreditar que não podemos errar e também dizer "não sei". Isso jamais! Precisamos mostrar que temos resposta para tudo, e quando alguém tenta confrontar nossa verdade, somos tomados pela raiva frente à situação ameaçadora da exposição.

E mais, para não sentir a dor emocional causada pelo peso do erro, o ser humano, quando dominado pela inflexibilidade, tem a tendência a adotar a vitimização e a transferência da culpa para o outro pelos seus próprios erros.

Veja que a resistência à responsabilidade pelo próprio erro coloca em risco nossa sobrevivência, a evolução do conhecimento e a busca da verdade. Além disso, dificulta a interação humana, impede o pensamento crítico e estimula a rigidez mental.

Nesse contexto, o maior desafio humano é privilegiar a ideia do outro, quando essa for a melhor solução para um problema, sem se sentir "menos valia". Estou falando sobre o diálogo.

Comunicação dialética: Para tocarmos nosso mundo para frente, é preciso praticar a comunicação baseada na dialética, a arte de dialogar.

Segundo Platão, a dialética é o processo de diálogo entre pessoas comprometidas com a busca da verdade, através da qual a alma se eleva.

Segundo Aristóteles, a dialética é um raciocínio lógico fundamentado em ideias apenas prováveis, e por isso passíveis de serem refutadas.

Portanto, na dialética não existe o "dono da verdade", ao contrário, privilegia a flexibilidade mental para aceitar as diferenças nas opiniões.

Mas, por que a comunicação dialética é tão difícil e, em algumas situações, quase impossível? A principal razão é que cada pessoa tem diferentes pressuposições e expressa diferentes opiniões.

E essas pressuposições não são meramente suposições superficiais, e sim pressuposições de raiz, tais como: pressuposições a respeito do sentido de vida; a respeito dos seus interesses próprios; a respeito do interesse de sua religião, em suma, a respeito do que a pessoa considera realmente importante. Dessa forma, essas pressuposições ou opiniões são defendidas com vigor quando desafiadas.

Assim, as opiniões tendem a ser experienciadas como verdades, mesmo que as opiniões, pressuposições e experiências sejam exclusivamente suas. Sentimos, porém, de forma inconsciente, que nossa posição é tão obviamente correta, que nós não podemos evitar a tentação de convencer aquela estúpida pessoa, sobre quão errada ela está ao discordar de nós. A conversa se torna uma verdadeira disputa de opinião. Podemos comprovar que o maior inimigo do diálogo é a rigidez mental.

Então, o que fazer? Simples, porém desafiador: levar em conta as opiniões dos outros e prestar atenção às suas próprias reações de hostilidade, e também às reações dos outros. Não permitir que essas distorções tirem você e os outros do foco, que é desenvolver um pensamento coletivo, pensar juntos.

Veja como é bom pensarmos juntos: uma pessoa tem uma ideia, a outra pessoa pega a ideia para si, uma terceira pessoa adiciona algo à ideia inicial e o pensamento flui com muitos, ao invés de cada um ficar tentando convencer o outro.

O pensamento coletivo é muito poderoso porque gera novas informações, novas soluções e todos saem ganhando do jogo, muito mais experientes e fortalecidos.

Mas dialogar requer sensibilidade para agir com habilidade, e sensibilidade envolve sentidos e percepção sobre os significados. Isso tudo é comunicação.

Como vê, o diálogo ajuda muito na revelação das pressuposições, e ajuda as pessoas a se livrarem delas e se tornarem mais exploradoras, indo mais além do que uma disputa de opiniões, ou seja, um vende sua ideia, outro a compra, e a ideia passa a ser de todos.

Vender ideias não é só falar bem, é criar um ambiente onde todos se sintam parte da solução. Veja que uma argumentação equilibrada exige um bom ouvido também. Por isso, um bom argumentador para vender suas ideias também deve ser bom na sua escuta ativa, contando com a empatia para compreender as posições a favor e contrárias do seu time.

Terceiro passo da dança assertiva: empatia – ouvindo e compreendendo o outro

Empatia é um dos ingredientes mais poderosos da comunicação assertiva. Escutar de verdade é um aprendizado essencial nas relações interpessoais. Como dizia Carl Rogers, escutar vai muito além de ouvir palavras; é acolher os sentimentos do outro, demonstrar respeito e participar dessa experiência com presença genuína.

A empatia pode ser compreendida por três componentes fundamentais:

Componente afetivo:

Envolve a tendência de experimentar sinais de simpatia e compaixão, compreendendo os estados emocionais dos outros. É o lado que conecta emoções e cria um vínculo humano profundo.

Componente cognitivo:

Refere-se à capacidade de interpretar e compreender a perspectiva do outro. Esse aspecto cognitivo nos permite não apenas compreender os estados mentais alheios, mas também regular nossas próprias emoções para responder de maneira mais assertiva.

Componente comportamental:

Caracteriza-se pela comunicação verbal ou não verbal como uma forma explícita de reconhecimento dos sentimentos e perspectivas da outra pessoa. É o que nos faz demonstrar, por meio de ações ou palavras, que estamos realmente presentes para o outro.

A empatia na medida certa é transformadora, pois cria conexão imediata entre líder e liderado.

Porém, é preciso cuidado para não permitir que seu pensamento julgador domine seu comportamento, pois o maior bloqueio para a empatia é o julgamento. Quando julgamos, fazemos interpretações baseadas em nossos próprios valores e crenças, o que nos afasta do entendimento real do outro. É importante diferenciar:

- **Juízo real:** O fato, o que de fato aconteceu.

- **Juízo de valor:** O significado que atribuímos ao fato, baseado em nossa perspectiva.

Curiosamente, tendemos a julgar mais quem é diferente de nós do que quem é semelhante. É aí que a empatia nos desafia: ela não é apenas "se colocar no lugar do outro". Vai muito, além disso. Empatia é compreender o outro como ele é, reconhecendo suas necessidades e se esforçando para entender como ele está sendo impactado pelas situações. É amparar e acolher sem tentar impor nossas próprias perspectivas.

Por trás de mensagens duras ou intimidadoras, muitas vezes existem apenas pedidos por necessidades que não foram atendidas. Quando escutamos verdadeiramente os sentimentos e as necessidades das pessoas, paramos de vê-las como ameaças ou "monstros" e começamos a enxergá-las como seres humanos.

A empatia não é expressa com frases do tipo:

- "Se eu fosse você..."

- "No seu lugar..."

- "Eu te avisei..."

Sabe por quê? Porque essas expressões trazem julgamento e invalidam a experiência do outro.

A verdadeira empatia respeita a singularidade de cada pessoa, com uma conexão respeitosa e humana.

Boas recomendações para praticar empatia

1. **Preste atenção nas pessoas: observe** seus gestos, expressões faciais e linguagem corporal. O não verbal diz muito sobre pensamentos e sentimentos.

2. **Abra os ouvidos: escute** os sentimentos por trás das palavras, captando mais do que o discurso literal.

3. **Faça perguntas: pergunte** o que o outro pensa e sente em determinada situação, e ouça com atenção suas respostas.

4. **Pratique a parafraseação: se** tiver dificuldade para ouvir, repita mentalmente as palavras do outro para garantir que entendeu corretamente.

5. **Seja curioso e gentil: mostre** interesse genuíno pelas pessoas ao seu redor e pratique pequenas gentilezas no dia a dia.

A empatia, segundo Paul Zak, um neurocientista renomado, é mais do que uma habilidade interpessoal; ela tem fundamentos biológicos e químicos que impactam profundamente nosso comportamento. Em seus estudos sobre a neurociência da confiança e da empatia, Zak destacou o papel do hormônio ocitocina, conhecido como o "hormônio do amor" ou "molécula da moralidade".

Paul Zak demonstrou que a ocitocina é liberada em nosso cérebro durante momentos de conexão social, como quando sentimos compaixão, confiança ou nos engajamos em comportamentos altruístas. Essa substância química cria um "circuito de empatia" que nos incentiva a nos preocuparmos com os outros e a agir de forma colaborativa.

Quando interagimos de forma empática, a liberação de ocitocina nos faz sentir mais conectados emocionalmente às outras pessoas, aumentando nosso desejo de ajudar e de entender suas perspectivas.

A ocitocina tem um efeito calmante, ajudando a reduzir os níveis de cortisol (hormônio do estresse). Isso explica por que práticas empáticas podem trazer sensação de bem-estar tanto para quem dá quanto para quem recebe empatia.

Atos de empatia e compaixão reforçam os laços interpessoais, promovendo um senso de confiança e segurança entre as pessoas, essenciais em ambientes de trabalho e na vida pessoal.

Zak também destaca que a empatia não é apenas emocional, mas também cognitiva. Para entender a experiência do outro, precisamos ativar áreas cerebrais responsáveis pela perspectiva e compreensão, como o córtex pré-frontal.

Ele realizou experimentos mostrando que ao testemunharmos histórias emocionantes ou momentos de sofrimento, nossos cérebros liberam ocitocina, ativando o sistema de recompensa. Isso nos incentiva a agir de maneira altruísta, como doar dinheiro para uma causa ou oferecer ajuda.

Em ambientes corporativos, líderes que demonstram empatia criam culturas mais colaborativas e de alta performance. Quando um líder pratica a escuta ativa e genuína, ele estimula a liberação de ocitocina no cérebro de sua equipe, fortalecendo a confiança e a motivação.

Empatia, portanto, vai além da conexão emocional: ela ativa mecanismos biológicos que melhoram nosso desempenho e bem-estar coletivo.

Essas práticas são ferramentas simples, mas poderosas, para melhorar a qualidade de nossas interações e fortalecer nossos laços interpessoais. Ao incorporar a empatia no cotidiano, criamos um ambiente mais acolhedor, produtivo e humano.

Quando fazemos empatia e validamos o nosso interlocutor, compreendemos o outro. Porém, existem colaboradores que querem mais do que isso, querem ser incluídos, reconhecidos e percebidos como alguém importante na equipe e que seu trabalho faz a diferença nos resultados. Nessa hora, o líder para influenciar positivamente, deve usar outro ingrediente da dança assertiva que é o envolvimento.

Quarto passo da dança assertiva: envolvendo o time

Envolver significa incluir o outro e fazê-lo sentir que ele existe, sua presença é percebida, suas ideias são respeitadas, enfim, cada membro da equipe é importante.

Esse ingrediente caracteriza-se por ser uma linguagem inclusiva e engajadora. Frases que caracterizam esse ingrediente da dança assertiva:

- Por favor, obrigado. Posso contar com você no meu projeto?
- Posso te ajudar? Pode contar comigo.
- Você e muito hábil em Inteligência Artificial, você pode me ajudar a manusear esse aplicativo?
- Gostaria que participasse do meu projeto, pois percebo que você tem bastante facilidade de negociar com as áreas clientes.
- Você me permite lhe dar um feedback?

Pratique ações de envolvimento e inclusão da sua equipe. Faça-a se sentir importante no contexto do trabalho, tais como:

- Cumprimente cada um dos colaboradores, chamando-os pelo nome.
- Ajude a sua equipe a treinar empatia, cooperação, expressão sincera das emoções sem ferir o outro.

- Exercite a gratidão entre os membros da equipe, e faça você também o reconhecimento individual dos bons comportamentos de cada colaborador. A técnica é simples. Vejamos um exemplo:

Fulano, quero agradecer pelo comportamento colaborativo que você teve ontem. Você percebeu que eu precisava de ajuda e você prontamente parou seu trabalho para me ajudar. Seu comportamento teve um impacto muito positivo, pois consegui entregar o relatório no tempo previsto para a diretoria. Muito obrigado.

O reconhecimento tem o poder mágico de estimular a secreção de hormônios da alegria e de recompensa, como dopamina e serotonina. Gosto de praticar com meus alunos e mentorados a técnica de reconhecimento, típica da linguagem do envolvimento.

É uma técnica simples:

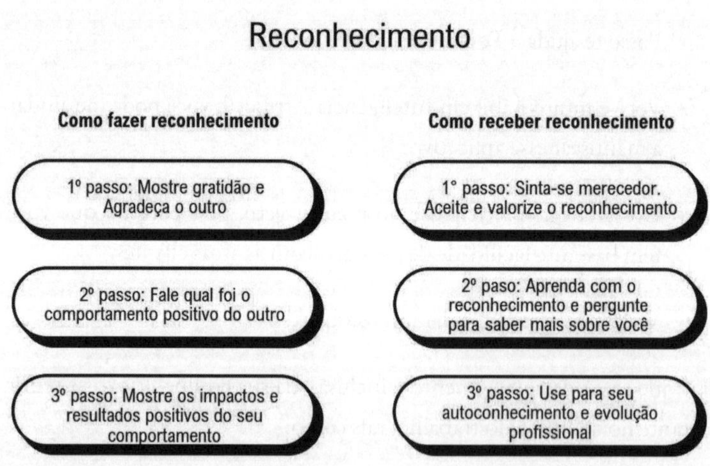

Dosagem certa da empatia e envolvimento com o problema do outro

Com relação aos dois estilos da dança assertiva – empatia e envolvimento –, escuto uma dúvida frequente: Quanto devo empatizar e me envolver no problema do outro?

Um dos direitos assertivos que procuro desenvolver nas pessoas que me rodeiam, além de apregoar em minhas palestras, é que: "Nós temos o direito de não nos envolvermos nos problemas dos outros." Por outro lado, a ética da comunicação nos orienta que devemos ser empáticos e ajudar as pessoas.

Depois de pensar e pensar, entendi que podemos nos envolver nos problemas dos outros em níveis de intensidade e profundidade diferentes, dependendo do contexto, da gravidade do problema, do tipo de relacionamento e da sua vontade e disposição.

Por isso, dividimos a empatia e o envolvimento com o problema do outro em cinco níveis. Confira:

Nível 1 – **Não quero saber dos problemas dos outros** – total egoísmo. Dá limites e diz não. Aqui, a comunicação é direta e reta ao dizer o não, por exemplo: "Nem comece a falar porque já tenho problema suficiente. Cada um com seus problemas."

Nível 2 – **Não quero me envolver e nem escutar o problema de alguém específico** – em função de um passado com mal-entendidos, decido a partir de agora não querer mais me envolver com tal pessoa.

Nível 3 – **Apenas escutarei o problema, mas não me envolverei com sugestões** – coisas do tipo "Eu, se fosse você, faria tal coisa" nem pensar! Nada de dar palpites. Só escuta com interesse genuíno! E, se te perguntarem sua opinião, diga que não gostaria de se manifestar ou que não tem opinião formada.

Nível 4 – **Escute com atenção todo o problema** – nesse momento, pergunte: "O que você pretende fazer para resolver seu problema?" Se a pessoa não souber responder, faça recomendações, porém deixando claro que ela é quem deve decidir pela resposta que entenda como melhor.

Nível 5 – **Escute com atenção todo o problema** – e, se perceber que a pessoa não está em condições de resolver sozinha, **ofereça sua ajuda para resolvê-lo**. Aqui, sua comunicação é pautada pela empatia e total envolvimento.

Concluindo, você tem o direito de se envolver e se sentir responsável pelo outro na medida certa do seu desejo e do contexto, mesmo porque, às vezes, nós não estamos com a robustez emocional necessária para segurar a barra do outro. Ao contrário, é o nosso momento de sermos apoiados.

E, finalmente, o último ingrediente da dança assertiva é o recuo **estratégico.**

Passo 5 da dança assertiva: recuo estratégico, um passo para trás e dois para frente

Conhece o famoso sincericídio? É aquele que acredita que, doa a quem doer, tem que falar a verdade independentemente de tudo. O recuo estratégico é totalmente o inverso: escolhemos conscientemente a melhor resposta e dizemos a coisa certa, na hora certa, no lugar certo, da maneira certa e para a pessoa certa. E nos posicionamos no equilíbrio, no meio-termo – nem agressivo, nem passivo.

O óbvio precisa ser dito!

Uma outra questão que aparece frequentemente nos meus treinamentos de líderes é sobre a preocupação de estar sendo inconveniente por estar dizendo o óbvio. Quero deixar claro que dizer o óbvio faz parte da comunicação assertiva.

“Isso é óbvio!!! Você está me julgando idiota? Por que está me dizendo o óbvio?”

Você já disse ou ouviu alguém lhe dizer esse tipo de frase? Pois é, o óbvio para mim pode não ser óbvio para o outro. Isso causa muita confusão em nossas interações humanas, sugerindo que somos confusos ao nos comunicar.

Muitas vezes, as pessoas hesitam em dizer o óbvio por medo de parecerem redundantes, por receio de causar desconforto ou por assumirem que o interlocutor já está ciente daquela informação. Essa relutância em verbalizar o óbvio pode ter consequências significativas, minando a clareza, a eficácia e até mesmo a qualidade dos relacionamentos interpessoais.

Quando o óbvio é substituído pelo silêncio, a pessoa pode cair em armadilhas – por medo de julgamentos, receio de ofender ou constranger o outro, ou mesmo pela crença de que "o outro deve entender nas entrelinhas". Essa hesitação em verbalizar o evidente pode gerar diversos prejuízos à comunicação, tais como:

- Aumento da ambiguidade;
- Desconfiança;
- Perda de tempo;
- Dificuldade na resolução de problemas.

Por outro lado, dizer o óbvio pode neutralizar esses prejuízos e trazer diversos benefícios à comunicação, como, por exemplo:

- Clareza: A verbalização do evidente garante que todos estejam na mesma página, evitando mal-entendidos.
- Confiança: A comunicação clara e transparente constrói um ambiente de confiança mútua, onde as pessoas se sentem seguras para se expressar.
- Eficiência: A clareza evita a necessidade de repetições e esclarecimentos constantes, liberando tempo para atividades mais produtivas.
- Solução de problemas: A identificação precisa dos pontos cruciais facilita a análise da situação e a busca por soluções assertivas.

Dizer o óbvio não significa ser rude ou insensível. É importante dosar a franqueza com empatia e respeito, considerando o contexto e a relação com o interlocutor. Utilizar uma linguagem clara, direta e objetiva, sem rodeios ou ambiguidades, é fundamental para uma comunicação eficaz e assertiva.

Dizer o óbvio também não é um sinal de fraqueza ou falta de inteligência. Pelo contrário, demonstra clareza de pensamento, maturidade e respeito pelo outro. Ao optar pela comunicação clara e direta, você constrói pontes mais sólidas em suas relações e contribui para um mundo mais transparente e autêntico.

E se alguém lhe disser, com certa irritação, que você está dizendo o óbvio? Como agir nessa situação?

Pense que é uma oportunidade para reflexão e comunicação mais eficaz. Aqui estão algumas respostas que você pode considerar:

1. Agradecimento e clarificação: "Obrigado pelo feedback. Posso ter assumido que era óbvio, mas queria garantir que todos estivessem na mesma página. Se houver algo mais que você gostaria de discutir ou que não esteja claro, por favor, me avise."

2. Reconhecimento da importância do óbvio: "Entendo que possa parecer óbvio, mas às vezes é importante reiterar certos pontos para garantir que todos estejam alinhados. Quero ter certeza de que estamos todos na mesma página e evitando mal-entendidos."

3. Exploração da razão por trás da observação: "Parece que você acha que estou falando o óbvio. Você poderia me dizer mais sobre por que sente isso? Estou aberto a entender melhor sua perspectiva e melhorar minha comunicação."

4. Incentivo ao diálogo aberto: "Entendo que às vezes posso parecer redundante. Vamos garantir que nossa comunicação seja transparente e eficaz. Se você tiver alguma preocupação ou se sentir que estou repetindo o óbvio, por favor, sinta-se à vontade para me chamar a atenção."

Essas respostas demonstram abertura para o feedback, disposição para melhorar a comunicação e um convite para um diálogo construtivo. Lembre-se sempre de manter uma atitude receptiva e colaborativa ao receber feedback sobre sua comunicação.

Ao reconhecer a importância de verbalizar o que é evidente, as pessoas podem promover uma comunicação mais clara, evitar mal-entendidos e fortalecer os vínculos interpessoais. Portanto, não subestime o poder do óbvio na comunicação – às vezes, dizer aquilo que é mais evidente pode fazer toda a diferença.

Gerações diferentes, mesmo time: o desafio da comunicação intergeracional

O ambiente corporativo atual está vivenciando o fenômeno da diversidade multigeracional. Hoje, muitas empresas reúnem quatro gerações, cada uma com perspectivas e mentalidades distintas, refletindo o contexto histórico em que cresceram. Para um líder assertivo, essa diversidade representa tanto desafios quanto oportunidades de crescimento, exigindo habilidades de adaptação e comunicação eficaz.

- Baby Boomers (1946-1964): Viveram em um período de prosperidade econômica e estabilidade. Esses profissionais normalmente demonstram alto comprometimento com a empresa, apreciam a estabilidade, sentem-se confortáveis com a hierarquia organizacional e valorizam a experiência.

- Geração X (1965-1980): Presenciou grandes mudanças sociais e econômicas. Prioriza autonomia, equilíbrio entre vida profissional e pessoal e é cética em relação à autoridade.

- Millennials ou Geração Y (1981-1996): Cresceram com avanços tecnológicos e globalização. Apreciam flexibilidade, buscam propósito no trabalho e valorizam feedback constante.

- Geração Z (pós-1997): Nativos digitais, com flexibilidade e adaptabilidade às mudanças em seu DNA. Super engajados com diversidade e causas sociais.

Essas diferenças podem levar à formação de estereótipos, como a ideia de que gerações anteriores são resistentes à mudança ou de que os mais jovens são pouco comprometidos. A diversidade geracional apresenta dois lados da mesma moeda:

- Lado positivo: Promove inovação, criatividade e decisões mais ricas.

- Lado desafiador: Pode gerar conflitos que nem sempre são produtivos.

O maior gatilho de conflitos pode nascer principalmente no estilo de comunicação. Daí a importância do líder ser flexível e se adaptar ao estilo de cada geração para criar um ambiente de colaboração e parceria na equipe. A liderança assertiva entra como uma ferramenta essencial para transformar a diversidade em uma variável produtiva, transformando ameaças em oportunidades de inovação e criatividade na solução de problemas.

Ações da liderança assertiva para gerenciar conflitos geracionais

1. Adotar um olhar positivo para as nuances de cada geração, sem preconceitos e estereótipos.

2. Criar uma cultura de cooperação e troca de experiências entre as diferentes gerações, aproveitando os pontos fortes de cada uma.

3. Realizar encontros para promover empatia e compreensão entre os colaboradores, sensibilizando-os sobre os desafios e as vantagens da diversidade geracional.

4. Estimular uma comunicação transparente e aberta, onde todos possam expressar suas opiniões, sentimentos e necessidades.

5. Implementar a mentoria reversa, na qual os mais jovens compartilham conhecimentos sobre novas tecnologias, enquanto os mais experientes ensinam visão estratégica e compartilham experiências.

6. Criar uma cultura de respeito e inclusão, evitando reforçar estereótipos e promovendo a união das diferenças em prol dos objetivos organizacionais.

7. Praticar a "dança assertiva" com todas as gerações, pois, independentemente da idade, todos desejam feedbacks claros, compreensão de suas necessidades e reconhecimento por suas contribuições.

Ao compreender e respeitar as particularidades de cada geração, os líderes assertivos conseguem transformar desafios em oportunidades e criar ambientes de trabalho mais saudáveis, produtivos e inovadores para todos.

Autoavaliação: como está sua dança assertiva?

Após a leitura do conceito da dança assertiva, faça uma reflexão sobre como você aplica esses comportamentos no dia a dia. Responda às perguntas abaixo com sinceridade e anote seus principais insights. Dê uma nota de 1 a 5, onde:

1 = Preciso melhorar muito

5 = Faço isso com naturalidade

Passo 1: Afirmação – Clareza e objetividade

1. Quando preciso estabelecer expectativas, sou claro e direto, sem rodeios?
2. Consigo dizer "não" de forma respeitosa e firme quando necessário?
3. Meu time sabe exatamente quais são as metas e como alcançá-las?
4. Já percebi situações em que evitei me posicionar por medo de desagradar?

Nota = _____

Passo 2: Argumentação – Vendendo ideias

1. Apresento os motivos e benefícios das decisões para engajar a equipe?

2. Sei equilibrar argumentação e escuta ativa, sem impor minha opinião?

3. Permito que o time traga sugestões e considero diferentes pontos de vista?

4. Evito frases como "eu te avisei" e "bem que eu falei", que reforçam uma postura inflexível?

Nota = _____

Passo 3: Escuta e empatia

1. Quando minha equipe traz um problema, realmente escuto antes de responder?

2. Demonstro interesse genuíno pelas dificuldades e sentimentos dos colaboradores?

3. Busco entender o contexto antes de tomar uma decisão ou dar um feedback?

4. Já percebi situações em que interrompi ou desconsiderei uma ideia porque achava que a minha era melhor?

Nota = _____

Passo 4: Reconhecimento e motivação

1. Reconheço o esforço do time, além dos resultados atingidos?

2. Sei adaptar meu tom de comunicação para motivar e engajar a equipe?

3. Demonstro confiança no trabalho dos meus liderados e incentivo autonomia?
4. Já percebi situações em que evitei dar reconhecimento por achar que era "desnecessário" ou "óbvio"?

Nota = _____

Passo 5: Saber a hora de recuar

1. Sei identificar quando o melhor a fazer é esperar e escolher o momento certo para me posicionar?
2. Tenho paciência para deixar que as pessoas cheguem às suas próprias conclusões sem precisar intervir o tempo todo?
3. Sei gerenciar conflitos evitando reações impulsivas e escolhendo um momento mais apropriado para agir?
4. Já percebi situações em que falei na hora errada e o impacto não foi o esperado?

Nota = _____

Reflexão Final

1. Quais foram meus pontos mais fortes na dança assertiva?
2. Em quais áreas preciso melhorar para me conectar assertivamente?
3. Que ações práticas posso adotar nos próximos dias para fortalecer minha comunicação?

6. CONFIANÇA: O ELO DA CONEXÃO HUMANA

A melhor maneira de sabermos se podemos confiar em alguém é confiando nela.

(Ernest Hemingway)

Confiança: a base de tudo

Você confia? Você é confiável? Por que falar sobre confiança?

Porque ao se pensar em interação humana no trabalho, logo vem à mente a questão da confiança e também uma pergunta: Em um relacionamento, o quanto posso confiar no outro? Posso acreditar no que o outro fala? Estamos falando que a base de um processo de influência positiva é a conquista da CONFIANÇA, que se resume em confiar e ser confiável.

E por que esse processo da confiança é difícil? Porque a raça humana tem sua origem na escassez e luta pela sobrevivência, onde confiar é correr riscos.

Tornamo-nos uma raça mais evoluída, um cérebro mais inteligente e desenvolvido, mas o medo no convívio social permanece, reforçado por mensagens que ouvimos desde criança, do tipo "Não confie em estranhos", "Cuidado com o que fala, pois as pessoas podem usar o que você diz contra você", "As pessoas não são confiáveis, e por isso não mostre suas fraquezas", e assim por diante. Essas crenças inseridas em nossa memória emocional se tornam parte dos nossos guias por toda a vida.

Para fortalecer essas crenças em nossa memória de longo prazo, vale lembrar que nosso cérebro foi configurado para nos defender, tanto que, todas as vezes que nos sentimos ameaçados, nosso sistema límbico estimula nosso sistema hormonal a produzir os hormônios do stress, colocando todo nosso corpo em sistema de alerta para assim nos proteger de qualquer perigo.

É através desse mecanismo de sobrevivência que os profissionais demonstram o medo de confiar e, assim, ao terem a percepção do ambiente de trabalho como não confiável, adotam comportamentos que demonstram desconfiança, ou seja, rejeitam para não serem rejeitados, excluem para não serem excluídos e humilham para não serem humilhados.

O que é confiança (de verdade)

Rachel Botsman, especialista em confiança e autora do livro Who Do You Trust?, define confiança como uma relação segura com o desconhecido.

Como assim? É como um salto seguro no desconhecido? Parece bem estranho e contraditório para você? Como pode ser salto seguro e, ao mesmo tempo, no desconhecido?

Está aí o segredo da confiança. Em qualquer interação que tiver, seja com pessoas, empresas ou ferramentas, você nunca terá 100% de garantia, mas existem alguns elementos que você enxerga na situação que o levam a acreditar que seja confiável, e você topa correr riscos.

Confiar é como atravessar uma ponte que você nunca pisou antes, mas acredita que ela vai lhe sustentar. Por exemplo: confiamos em um novo líder quando sentimos que suas intenções são genuínas, mesmo sem ter todas as informações sobre seu jeito de conduzir a equipe e suas decisões.

Confiar não é ter garantia absoluta, é sim sentir-se seguro o suficiente para seguir em frente. Apesar das incertezas, confiança é o que nos permite agir; caso contrário, ficaríamos paralisados. Baseados na nossa autoconfiança, damos passos firmes rumo ao novo e à transformação.

Se você tiver um grau elevado de confiança em si, naquilo que o rodeia e no futuro, será mais fácil confiar no outro, na sua equipe. Se houver um nível baixo de confiança, sua autoconfiança fraqueja e impacta sua esperança, que se transforma em medo e fatalmente cai na incerteza.

Se o seu ponto de partida for a desconfiança, é assim que verá o seu dia a dia, tornando-se não só a lente para visualizar o ambiente, como também um obstáculo invisível aos sonhos individuais e coletivos.

Se somos incapazes de confiar, somos incapazes de sentir. A confiança é aquilo que nos faz estar abertos à experiência, à participação, à aprendizagem e ao sentimento de estarmos vivos. A confiança é o sustentáculo ao redor do qual nosso potencial gira.

Lições toltecas para relações poderosas

Quero resgatar aqui como os Toltecas, há 2 mil anos atrás, viam a confiança. Popularizado em Os Quatro Acordos, escrito por D. Miguel Ruiz, os toltecas acreditavam que a VERDADE era o centro de tudo o que existia.

O primeiro acordo dos Toltecas é: não falhe com a sua palavra

Seja impecável com sua palavra, pois é através dela que você expressa seu poder criativo, que você expressa suas intenções, seus sonhos, seus sentimentos. A palavra é força, é o seu poder de expressar-se, de pensar e de criar eventos em sua vida. A palavra é a ferramenta mais poderosa, a magia do ser humano. Tão poderosa, que a palavra pode mudar ou destruir as vidas de milhões de pessoas. Dependendo de como você usá-la, a palavra pode libertá-lo ou escravizá-lo. A impecabilidade da sua palavra pode levar à liberdade pessoal, ao sucesso e à abundância. Dissolve o medo e o transforma em alegria e amor.

O segundo acordo é: não leve nada para o lado pessoal

Quando você leva os acontecimentos para o lado pessoal, sente-se ofendido e sua reação é defender suas crenças e criar conflitos.

O terceiro acordo é: não tire conclusões

Temos uma tendência a concluir o que os outros estão pensando e fazendo, levamos para o lado pessoal, e então os culpamos e reagimos defensivamente, enviando-lhes nosso veneno emocional, utilizando nossa palavra.

O quarto e último acordo é: dê sempre o melhor de si

Se o ponto de partida é a confiança, é acreditar que as pessoas são boas, o que não significa ser ingênuo, mas sim tratar a desonestidade como a exceção, não como a regra. Com certeza, dando o seu melhor, tudo muda ao seu redor, o efeito é extraordinário. Esse é o superpoder da confiança: tratar as pessoas como honestas e confiar nelas.

Eu me lembro quando era adolescente e percebia que minha mãe confiava plenamente em mim, pois ela confiava nos valores que havia me ensinado. E eu, por meu lado, não tinha coragem de ter comportamentos que violassem aqueles valores. Eu buscava ser coerente e merecedora da confiança que minha mãe depositava em mim, e por isso sempre lhe contei a verdade.

Uma das coisas que mais me encantou em uma viagem a Praga, capital da República Tcheca, foi a forma como a confiança fazia parte do dia a dia. No transporte público, ninguém precisava mostrar o ticket o tempo todo. A lógica era simples: partia-se do princípio de que as pessoas eram honestas, e a desonestidade era a exceção — não o contrário.

Essa experiência mexeu comigo. Fui tratada como alguém confiável, como cidadã, como ser humano. Era um tipo de respeito silencioso, mas poderoso. E me fez pensar: como seria viver em um mundo onde a confiança fosse a regra?

A confiança nasce quando nos preocupamos uns com os outros, quando cuidamos uns dos outros e quando celebramos as vitórias uns dos outros.

Para você refletir:

- Você pratica os quatro compromissos dos toltecas?
- Qual é seu ponto de partida, confiança ou desconfiança?
- O que você tem feito para construir relações de confiança com sua equipe, seus pares?
- Olhe ao seu redor: quais são os impactos que você tem dado nas pessoas do seu convívio?

Times fortes se erguem sobre a confiança

A confiança é um elemento tão primordial no mundo do trabalho que se tornou a base da pirâmide dos desafios de uma equipe de alta performance, conforme descreve Patrick Lencioni em seu livro Os 5 Desafios das Equipes.

Lencioni mostra que, quando não existe um ambiente confiável, os membros da equipe não se sentem seguros para admitir erros, pedir ajuda ou demonstrar vulnerabilidade. A construção de uma relação de confiança deve começar pelo líder, sendo autêntico, transparente e verdadeiro, inclusive admitindo seus erros e suas limitações perante a equipe, mostrando que ele, mesmo sendo líder, é um ser humano vulnerável.

Se a base da pirâmide não é sólida, ela desmorona. Assim acontece com as equipes disfuncionais.

Num ambiente de desconfiança, as pessoas tendem a não ser verdadeiras e se expõem pouco, criando aquela sensação de harmonia artificial.

A falsa concordância cria um ambiente de evitação de conflitos, e os problemas não são discutidos eficazmente, resultando em decisões pobres e falta de alinhamento. Ao contrário, em um ambiente confiável, as discussões são saudáveis e divergências são construtivas, resultando em decisões mais eficazes.

Evidente que, num ambiente não confiável, onde as pessoas não se sentem confortáveis para discussões com divergências, o comprometimento e a responsabilização pelos resultados sofrerão uma queda forte. O resultado do time perde o foco para a autoproteção e sobrevivência das pessoas no trabalho.

Para transformar um time disfuncional em uma equipe de alta performance, o líder precisa ser um facilitador do processo para criar uma cultura baseada em confiança, comunicação aberta e foco nos resultados.

A confiança é essencial para fortalecer os laços entre líderes e equipes, impulsionando o desempenho e o engajamento.

As 10 atitudes do líder confiável

1. Usar uma comunicação com propósito, explicando o "porquê" por trás de decisões, conectando ações ao propósito organizacional.

2. Ser claro e transparente ao compartilhar informações com a equipe, evitando segredinhos desnecessários.

3. Honrar promessas e compromissos, demonstrando firmeza e consistência entre suas palavras e ações.

4. Delegar e dar autonomia para que se sintam no controle do seu

trabalho, permitindo que os colaboradores tomem decisões dentro de suas responsabilidades.

5. Admitir suas falhas e tratar erros da equipe como oportunidades de aprendizado, criando um ambiente onde seja seguro errar, desde que haja responsabilidade e correção.

6. Praticar escuta ativa, ouvindo a equipe sem interromper ou julgar, demonstrando empatia e interesse genuíno pelo outro.

7. Mostrar integridade e justiça, tratando todos os membros da equipe com respeito, sem favoritismo.

8. Apoiar e desenvolver a equipe, oferecendo oportunidades de crescimento profissional, feedbacks construtivos e celebração das conquistas.

9. Demonstrar confiança nos outros, delegando responsabilidades e reconhecendo seus esforços.

10. Criar um ambiente de respeito mútuo, incentivando colaboração, respeito às diferenças individuais e não permitindo comportamentos tóxicos.

Essas ações criam uma base sólida para a confiança, que, com o tempo, transforma o relacionamento entre líder e equipe em um verdadeiro alicerce para resultados excepcionais.

Como está sua relação de confiança com sua equipe?

- A base é sólida?

- Você pratica as ações que acabou de ler?

Dê a você um momento de reflexão.

Reflexões e **Aprendizados**

Teste: Como está sua construção de confiança com o time?

Para cada afirmação abaixo, marque a alternativa que melhor representa sua prática no dia a dia.

Pontuação:

Sempre = 3 pontos

Às vezes = 2 pontos

Raramente = 1 ponto

Nunca = 0 pontos

1. Usa uma comunicação com propósito, explicando o *porquê* por trás de decisões, conectando ações ao propósito organizacional.

( ) Sempre ( ) Às vezes ( ) Raramente ( ) Nunca

2. É claro e transparente ao compartilhar informações com a equipe, evitando segredos desnecessários.

( ) Sempre ( ) Às vezes ( ) Raramente ( ) Nunca

3. Honra promessas e compromissos, demonstrando firmeza e consistência entre suas palavras e ações.

( ) Sempre ( ) Às vezes ( ) Raramente ( ) Nunca

4. Delega e dá autonomia para que se sintam no controle do seu trabalho, permitindo que os colaboradores tomem decisões dentro de suas responsabilidades.

( ) Sempre ( ) Às vezes ( ) Raramente ( ) Nunca

5. Admite suas falhas e trata erros da equipe como oportunidades de aprendizado, criando um ambiente onde seja seguro errar, desde que haja responsabilidade e correção.

( ) Sempre ( ) Às vezes ( ) Raramente ( ) Nunca

6. Pratica escuta ativa, ouvindo a equipe sem interromper ou julgar, demonstrando empatia e interesse genuíno pelo outro.
( ) Sempre ( ) Às vezes ( ) Raramente ( ) Nunca

7. Mostra integridade e justiça, tratando todos os membros da equipe com respeito, sem favoritismo.
( ) Sempre ( ) Às vezes ( ) Raramente ( ) Nunca

8. Apoia e desenvolve a equipe, oferecendo oportunidades de crescimento profissional, feedbacks construtivos e celebração das conquistas.
( ) Sempre ( ) Às vezes ( ) Raramente ( ) Nunca

9. Demonstra confiança nos outros, delegando responsabilidades e reconhecendo seus esforços.
( ) Sempre ( ) Às vezes ( ) Raramente ( ) Nunca

10. Cria um ambiente de respeito mútuo, incentivando colaboração, respeito às diferenças individuais e não permitindo comportamentos tóxicos.
( ) Sempre ( ) Às vezes ( ) Raramente ( ) Nunca

Interpretação dos resultados:

Soma total dos pontos: ______ (máximo: 30)

- 26 a 30 pontos – Confiança sólida

Você já pratica os pilares de uma liderança que inspira confiança. Seu time provavelmente se sente seguro e motivado com sua presença.

- 20 a 25 pontos – Boa base, mas com espaço para evoluir

Você está no caminho certo, mas pode se beneficiar ao reforçar os comportamentos menos consistentes.

- 10 a 19 pontos – Atenção!

A confiança pode estar comprometida. Reflita sobre os comportamentos que têm menor frequência e busque pequenos avanços consistentes.

- 0 a 9 pontos – Alerta vermelho

Talvez sua liderança esteja enfrentando sérios obstáculos de confiança. Use este capítulo como um guia prático para retomar o caminho.

7. ADAPTAR-SE PARA LIDERAR: O PODER DA FLEXIBILIDADE COGNITIVA

Não é o mais forte da espécie que sobrevive, nem o mais inteligente, mas o que melhor se adapta às mudanças.

(Leon C. Megginson)

A nova era exige um novo líder

Desde os primórdios da humanidade, a tecnologia tem sido o motor que impulsiona o progresso. Da descoberta do fogo à Revolução Industrial, da eletricidade à internet, e agora com a ascensão da inteligência artificial e da automação, o ritmo das mudanças nunca foi tão acelerado. Se antes uma inovação levava séculos para se disseminar, hoje avanços disruptivos surgem e se tornam obsoletos em questão de anos ou meses. Esse cenário desafia a maneira como lidamos com o aprendizado, a adaptação e a tomada de decisão.

Flexibilidade cognitiva: a nova musculatura da liderança

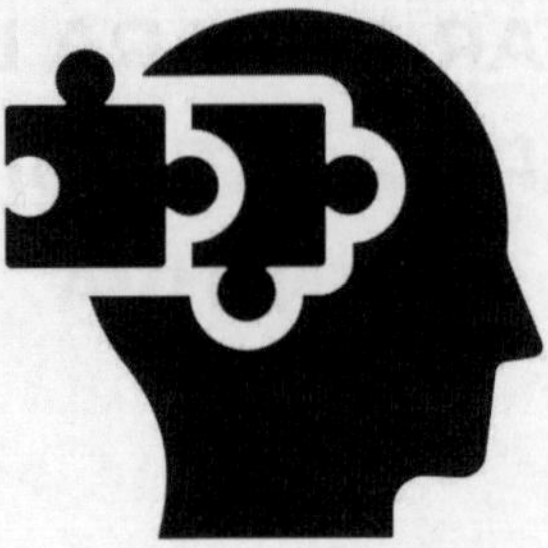

A flexibilidade cognitiva é a capacidade de mudar estratégias, ajustar percepções e reconfigurar crenças frente a novas informações. No passado, as lideranças podiam se apoiar em métodos e estruturas fixas. Hoje, isso se tornou uma armadilha. A rigidez mental é um risco, pois o mercado não espera por aqueles que insistem em velhas abordagens. Ser flexível cognitivamente significa estar disposto a aprender, desaprender e reaprender.

A flexibilidade cognitiva nos ajuda a enxergar as coisas de diferentes ângulos, encontrar soluções criativas e nos adaptar rapidamente ao que é novo. Vamos entender melhor como ela funciona e por que é tão importante?

Sabe quando você está acostumado a fazer algo de um jeito, mas precisa mudar completamente porque surgiu uma nova demanda ou ferramenta? É aí que entra a flexibilidade cognitiva!

Essa habilidade é igual a um "GPS mental", que nos orienta quando precisamos mudar de rota. Ela permite que deixemos para trás padrões antigos, aprendamos coisas novas e ajustemos nossas estratégias sempre que necessário.

E quer saber a melhor parte? Flexibilidade cognitiva não é um dom mágico. É uma habilidade que pode ser desenvolvida, como um músculo que você fortalece com exercícios.

Antes nem se falava disso, e agora precisamos tanto da flexibilidade cognitiva. Quem diria, há uma década, que estaríamos usando inteligência artificial para tomar decisões, escrever textos ou organizar projetos? O avanço tecnológico tem transformado profundamente a forma como trabalhamos, nos comunicamos e tomamos decisões estratégicas. A automação de tarefas repetitivas libera tempo para atividades mais analíticas e criativas, enquanto o acesso instantâneo a grandes volumes de dados nos permite obter insights mais precisos e embasados.

Além disso, a aceleração das mudanças impulsionadas pela tecnologia coloca nosso cérebro em um estado constante de vigilância e aprendizado, exigindo que as empresas invistam na capacitação contínua de seus profissionais para que acompanhem essa nova realidade sem sofrer com sobrecarga ou ansiedade.

O problema é que nosso cérebro não evolui na mesma velocidade que a tecnologia. Ele gosta de economizar energia e operar na rotina. O cérebro gosta de hábitos, e a rotina se repetindo vira um hábito. Só que, em um mundo onde a única constante é a mudança, ficar preso à zona de conforto não é uma boa opção.

A flexibilidade cognitiva é o que nos ajuda a superar esse desafio. Ela nos dá a capacidade de aprender, desaprender e reaprender – exatamente o que precisamos para prosperar em um ambiente de transformação contínua.

Neuroplasticidade: o segredo por trás da adaptação

Por trás da flexibilidade cognitiva, está uma característica incrível do nosso cérebro: **a neuroplasticidade.**

A neuroplasticidade é a capacidade do cérebro de se reorganizar, criar novas conexões e se adaptar. É como se fosse uma "fábrica interna" que pode reconfigurar circuitos neurais para aprender novos hábitos ou abandonar um hábito antigo.

Toda vez que você se dispõe a aprender uma nova habilidade, sua neuroplasticidade entra em ação, criando caminhos neurais que tornam o processo mais fácil a cada tentativa. É como abrir uma trilha na floresta – no início é difícil, mas, com o tempo, o caminho fica mais claro e fluido. Muita gente desiste, mas, se persistir, o novo aprendizado gruda no seu sistema nervoso central e, sem perceber, pronto! Você adquiriu um novo modo de pensar, sentir e fazer algo.

Imagine você trabalhando em uma empresa que acabou de adotar uma ferramenta de inteligência artificial para agilizar os processos de trabalho.

No início, pode parecer um bicho de sete cabeças. Você se sente frustrado, pensando: "Por que não posso continuar fazendo do meu jeito?"

Mas, ao dar uma chance para si mesmo, algo muda. Você percebe que, com um pouco de prática, a ferramenta não só facilita sua vida, mas também libera tempo para você focar no que realmente importa.

Esse é o poder da flexibilidade cognitiva em ação: deixar o antigo para trás, abraçar o novo, enfrentar o medo de mudar e colher os benefícios da adaptabilidade.

Adaptabilidade: sobreviver, crescer, liderar

É outra habilidade extremamente relevante para a sobrevivência e que vai ajudar o líder e sua equipe a serem assertivos e focados no que importa.

A adaptabilidade é a capacidade de se ajustar às novas realidades de forma ágil. Não basta reconhecer as mudanças; é preciso responder a elas de maneira eficiente. A pandemia de 2020 mostrou que empresas e líderes que rapidamente migraram para o digital se saíram melhor do que aqueles que esperaram por um retorno ao "normal". No ambiente de trabalho, a resistência à mudança é um dos principais fatores que impedem o crescimento. Os líderes devem criar uma cultura onde errar e ajustar seja mais valorizado do que evitar riscos.

Jogo de cintura em alto nível

O líder assertivo é aquele que compreende o impacto das mudanças tecnológicas e age com clareza, transparência e visão estratégica. Ele não apenas se adapta rapidamente às novas realidades, mas também conduz sua equipe nesse processo, garantindo que todos estejam alinhados com os desafios do futuro.

Hoje, ter uma equipe capacitada na mesma velocidade das mudanças é um dos maiores desafios de um líder. Em um mundo que muda na velocidade da luz, liderar bem é quase como dançar: é preciso ter ritmo, jogo de cintura e, claro, disposição para mudar os passos quando a música muda. No mundo corporativo, isso se traduz em um imperativo inegociável: desenvolver flexibilidade cognitiva e adaptabilidade rápida.

Matriz de flexibilidade e adaptação: como navegar nas mudanças

Quão flexíveis e adaptáveis somos? Como percebemos e reagimos às mudanças?

Para responder a essas duas questões, inspirei-me nos estudos de Kurt Lewin, que em Frontiers in Group Dynamics (1947) descreveu o processo de transformação em três fases – descongelamento, mudança e recongelamento – e nas ideias de John Kotter, que em Leading Change (1996) apresentou um modelo de oito etapas para a gestão eficaz da mudança. Assim, baseando-me nessas teorias, desenvolvi um modelo para ilustrar como nos posicionamos diante das transformações, no uso adequado da nossa flexibilidade e adaptabilidade.

Vou nomear esse modelo como "Matriz de flexibilidade e adaptação à mudança", que cruza dois fatores essenciais: a velocidade com que as mudanças ocorrem e o tempo de resposta das pessoas. A partir dessa interação, surgem quatro perfis distintos.

Matriz de flexibilidade e adaptação à mudança

	Resposta Lenta	**Resposta Rápida**
Mudança Lenta	1. O Enraizado	2. O Impulsivo
Mudança Rápida	3. O Desorientado	4. O Antenado

Caracterização dos personagens

Quadrante 1 – O Enraizado

Em cenários de mudanças lentas com respostas igualmente lentas, esse personagem representa a estabilidade e a tradição. Sua confiabilidade e previsibilidade são pontos fortes, mas sua rigidez pode ser uma barreira para a adaptação quando o ambiente evolui. O Enraizado tende a resistir a mudanças inesperadas, pois sua flexibilidade é baixa e sua adaptação ocorre apenas quando estritamente necessário. Ele se sente confortável com processos estabelecidos e prefere melhorias incrementais em vez de transformações radicais.

Quadrante 2 – O Impulsivo

Quando as mudanças ocorrem de forma lenta, mas a reação é rápida demais, o Impulsivo age de maneira precipitada. Seu excesso de resposta, desproporcional à real necessidade de adaptação, pode levá-lo a decisões impulsivas e, muitas vezes, ineficazes. Ele possui alta flexibilidade, mas sem critério na adaptação, o que pode gerar desperdício de energia e recursos ao mudar constantemente sem necessidade real. Sua agilidade é uma vantagem quando bem direcionada, mas pode se tornar um problema se não for controlada.

Quadrante 3 – O Desorientado

Em ambientes onde as mudanças acontecem de forma rápida e a resposta é lenta, o Desorientado perde o compasso. Sua baixa flexibilidade e dificuldade de adaptação o tornam vulnerável em cenários dinâmicos, pois demora a reagir e processar novas demandas. Esse atraso pode resultar em insegurança, erros estratégicos e crises devido à falta de alinhamento com a realidade. Para o Desorientado, a adaptação é um desafio porque ele se sente sobrecarregado com a velocidade das transformações, preferindo um ambiente mais previsível.

Quadrante 4 – O Antenado

Em cenários de alta velocidade tanto na mudança quanto na resposta, o Antenado se destaca por estar sempre bem informado e adaptável. Combinando flexibilidade e discernimento, ele ajusta suas estratégias rapidamente sem comprometer a estabilidade. Sua alta adaptabilidade permite que ele lide bem com incertezas, aproveite oportunidades e se mantenha competitivo. Diferente do Impulsivo, sua resposta é ágil, mas baseada em análise e bom senso, garantindo que suas ações sejam eficazes e alinhadas ao contexto.

Essa análise permite ao líder entender como cada perfil lida com as habilidades de flexibilidade e adaptabilidade, ajudando a identificar quais ajustes são necessários para melhor navegar em ambientes de mudança.

Você pode estar se perguntando: E como o líder pode desenvolver em si e na equipe essas duas habilidades de flexibilidade e adaptabilidade? Calma, primeiro vamos entender como funciona as etapas desde a falta de consciência até a alta consciência da necessidade de mudar e agir, ou seja, sair do quadrante O Enraizado e atingir o quadrante O Antenado. Para essa compreensão, quero compartilhar o processo de aprendizado composto por quatro estágios da competência que descrevem como uma pessoa aprende e se desenvolve ao longo do tempo.

Os 4 níveis de competência do líder

Este modelo teórico foi criado por Noel Burch, da Gordon Training International, na década de 1970, que passa por quatro estágios:

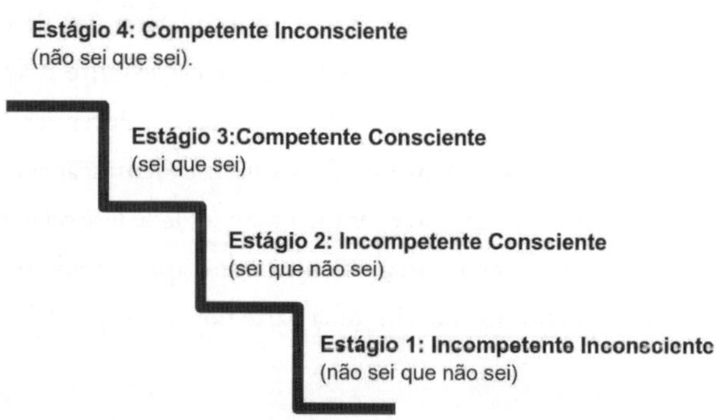

No passado, esse processo poderia ocorrer de maneira mais gradual, permitindo que profissionais tivessem tempo para passar por cada estágio sem pressa. No entanto, o ritmo das mudanças no mundo atual exige que esse ciclo de aprendizado seja cada vez mais rápido e alinhado à velocidade da transformação.

Se antes uma pessoa poderia levar anos para sair da incompetência inconsciente e alcançar a competência inconsciente, hoje essa transição precisa acontecer em meses – ou até semanas –, dependendo do contexto. Quem demora demais para aprender e se adaptar corre o risco de se tornar obsoleto.

Com novas crenças que expandam a mentalidade do Antenado e mais o apoio da tecnologia, podemos acelerar o processo de aprendizado, nos permitindo tomar decisões e automatizar tarefas de forma nova e muito mais rápida. Vamos detalhar cada etapa e ver como o profissional moderno pode ajustar o processo para se manter competitivo:

1. Incompetente Inconsciente (não sei que não sei)

Neste estágio, não sabemos o que ainda precisamos aprender e mudar. No ritmo em que a tecnologia avança, permanecer aqui por muito tempo é um risco para qualquer carreira. Precisamos ser curiosos, buscar aprender constantemente e estar abertos ao novo, para evitar a armadilha da complacência. Os profissionais precisam se desafiar a sair da "zona de conforto" e abraçar o aprendizado contínuo como estilo de vida.

2. Incompetente Consciente (sei que não sei)

Agora sabemos o que não sabemos, e isso pode até gerar um desconforto. Afinal, reconhecer nossas limitações pode ser estressante e até causar ansiedade, especialmente quando sentimos a pressão de aprender rápido. A tecnologia, com feedbacks em tempo real, nos ajuda a identificar essas lacunas de conhecimento, mas o caminho é ter uma mentalidade flexível e resiliência emocional. E o líder pode criar um ambiente onde o aprendizado seja seguro, onde o erro não seja temido, mas sim uma parte normal da jornada.

3. Competente Consciente (sei que sei)

Nesse ponto, já aplicamos novas habilidades, mas ainda é um esforço consciente. A tecnologia ajuda muito com ferramentas que tornam o aprendizado e a prática mais rápidos e até mais fáceis. Mas, novamente, a pressão para acompanhar as mudanças pode sobrecarregar. O líder deve investir em treinamentos contínuos e ensinar técnicas de autogestão de estresse para que sua equipe consiga crescer de forma saudável e sustentável.

4. Competente Inconsciente (não sei que sei)

Este é o estágio que, depois de tanto praticar, automatizamos a habilidade. Só que chegar aqui não é o fim da linha. Com tanta novidade, o que você sabe hoje pode já não ser tão relevante amanhã. Por isso, a agilidade em desapegar do "antigo normal" e abraçar o novo sem medo é essencial. A ideia é estar sempre pronto para recomeçar o ciclo e se reinventar conforme surgem novas demandas.

No final, o segredo para navegar com sucesso nesta era digital é simples: ser flexível, manter-se curioso e saber que o aprendizado nunca termina. As empresas que valorizarem essas competências estarão muito mais preparadas para o futuro – e seus colaboradores também.

Vamos expandir nosso conhecimento e juntarmos os dois conceitos para chegarmos a uma conclusão sobre o papel do líder na adequação da velocidade da mudança versus a velocidade de respostas da equipe, no processo de aprendizado.

Matriz de flexibilidade e adaptação à mudança + desenvolvimento de competência

	Resposta Lenta	Resposta Rápida
Mudança Lenta	• O Enraizado • Incompetente Inconsciente	• O Impulsivo • Competente Consciente
Mudança Rápida	• O Desorientado • Incompetente Consciente	• O Antenado • Competente Inconsciente

Conforme os quatro quadrantes, temos:

O Enraizado (Incompetência Inconsciente) precisa perceber o quanto as mudanças estão acontecendo para sair da inércia. Quanto mais tempo ele demora para despertar, maior o risco de ser atropelado pelas transformações.

O Desorientado (Incompetência Consciente) já percebeu a necessidade de mudança, mas precisa encontrar um caminho rápido para aprender e se adaptar. Sem apoio e direcionamento, pode ficar travado.

O Impulsivo (Competência Consciente) está agindo, mas precisa refinar sua estratégia para não apenas reagir, mas sim antecipar e direcionar as mudanças.

O Antenado (Competência Inconsciente) internalizou a mentalidade de mudança e consegue navegar pelo novo cenário com fluidez e segurança. Seu desafio é continuar aprendendo e evoluindo para não cair na zona de conforto.

Se no passado o aprendizado era um processo linear e gradual, hoje ele precisa ser ágil e contínuo. O segredo está na sintonia entre o ritmo das mudanças externas e a capacidade de adaptação interna – quem encontra esse equilíbrio se torna protagonista das transformações, enquanto os demais correm o risco de ficar para trás.

Você, líder, pode se orientar na condução do desenvolvimento da sua equipe mediante a análise do comportamento do colaborador frente à Matriz de flexibilidade e adaptação à mudança + desenvolvimento de competência, permitindo intervenções mais estratégicas para alinhar cada perfil ao ritmo das mudanças.

Como conduzir cada perfil com assertividade

O Enraizado: mudança lenta + resposta lenta

Crie um ambiente seguro para mudanças, reduzindo o medo do desconhecido, e gradativamente desafie o colaborador a sair da zona de conforto, com projetos que exijam inovação controlada. É interessante também disseminar valores que demonstrem a importância da atualização contínua e do aprendizado ao longo da carreira.

O Impulsivo: mudança lenta + resposta rápida

Dê reforço positivo, dizendo que a resposta rápida é uma qualidade dele, porém estimule-o a usar uma abordagem mais reflexiva antes de agir, incentivando a análise de riscos e impactos. Exercite com o colaborador o pensamento estratégico, mostrando que agir rápido não significa agir certo. Crie reuniões de checkpoints para treinar o colaborador a validar suas ações antes de executá-las, sempre considerando o contexto para evitar decisões precipitadas.

O Desorientado: mudança rápida + resposta lenta

Promova ações educacionais que incentivem a proatividade, autoconfiança e correr riscos para aumentar a confiança na tomada de decisão sob pressão. Aproveite as reuniões para estimular discussões sobre tendências e novas direções do mercado e comece a delegar pequenas decisões estratégicas para desenvolver autonomia e agilidade. Lembre-se, o erro deve ser visto como aprendizado.

O Antenado: mudança rápida + resposta rápida

Reconheça e valorize a agilidade do colaborador, mas reforce a importância de manter clareza e foco e incentive a busca por equilíbrio entre velocidade e qualidade na tomada de decisões. Assim, você estará ajudando o colaborador a ficar esperto e não cair na armadilha da reatividade, garantindo que suas ações tenham um impacto sustentável.

Essa abordagem transforma o modelo em uma ferramenta prática de gestão de pessoas, permitindo que líderes ajustem suas estratégias conforme o perfil de cada colaborador, garantindo alinhamento entre resposta e velocidade da mudança.

Na era digital, resistir às mudanças é como tentar segurar o vento com as mãos. Por outro lado, ser flexível é como aprender a velejar: você usa o vento a seu favor, ajusta as velas e segue em frente.

A flexibilidade cognitiva e adaptabilidade são suas aliadas nessa jornada. Elas permitem que você transforme desafios em oportunidades, enfrente o novo com curiosidade e continue crescendo, independentemente do que o futuro trouxer.

Competência ágil: mente preparada para mudar

Se você quer desenvolver sua flexibilidade cognitiva e se adaptar mais facilmente às mudanças, comece a desafiar sua rotina, mudando pequenas coisas no seu dia a dia, como o trajeto para o trabalho ou o tipo de livro que você lê. Isso ajuda seu cérebro a se acostumar com o novo.

Outra coisa: não se contente com a primeira ideia na solução de um problema, mas pergunte-se sempre: "E se eu tentar de outra forma?" ou "O que posso aprender com isso?"

Mate a crença de que errar é terrível. Aceite o erro como parte do processo, pois errar é humano e necessário para crescer. Cada erro é uma oportunidade para ajustar seu curso e seguir em frente.

Mostre que o importante é testar, aprender rápido e corrigir o rumo. Isso reduz o medo de arriscar e abre espaço para ideias inovadoras.

Outra coisa interessante, já que falamos em inovação, ajude o time a pensar fora da caixa, provocando a turma com perguntas como: "E se tentássemos fazer isso de outro jeito?" Existe uma outra forma de fazer tal atividade?

Quanto mais o líder colocar o cérebro da equipe para trabalhar e buscar soluções, mais adaptável ela se torna.

Crie um ambiente onde a equipe se sinta à vontade de dar opiniões, sem se preocupar com julgamentos, pois você sabe que um ambiente crítico e julgador não tem espaço para empatia.

Então, que tal começar hoje? Experimente algo novo, questione seus padrões e fortaleça sua capacidade de adaptação. O mundo está mudando – e você pode mudar com ele. Ensine sua equipe a ser assertiva e como ser um Antenado.

Com certeza, todo mundo ganha trabalhando em ambientes profissionais assertivos e que respiram a flexibilidade cognitiva e adaptabilidade. As decisões são mais inteligentes porque o time aprende a pensar antes de agir, evitando retrabalhos, e melhoram os resultados porque o foco está no que importa, sem desviar a atenção para coisas que não agregam valor. E se tiver que mudar, a mudança acontece na velocidade adequada.

Criando um ambiente flexível e adaptável, o líder acaba com aquela mentalidade rígida, que teima em resistir ao novo, e aquelas crenças do tipo "sempre fizemos assim" ou "isso funcionou no passado", que só nos seguram para trás. São obstáculos que precisam ser superados para a equipe acompanhar a agilidade das mudanças.

Flexibilidade e adaptabilidade são como músculos: quanto mais você treina, mais fortes ficam. E quando você, como líder, domina essas habilidades, não só cresce pessoalmente, mas também ajuda sua equipe a virar um time campeão. Lembre-se: um bom líder não manda, ele inspira. Então, que tal começar agora mesmo? Afinal, ninguém cresce na zona de conforto!

No final, o segredo para navegar com sucesso nesta era digital é simples: ser flexível, manter-se curioso e saber que o aprendizado nunca termina. As empresas que valorizarem essas competências estarão muito mais preparadas para o futuro – e seus colaboradores também.

O futuro: como nos preparar?

A grande questão que se impõe é: como será o futuro? Se olharmos para o passado, podemos prever que as transformações serão ainda mais rápidas e intensas. Para preparar nossos times, precisamos incentivar a curiosidade e o desenvolvimento constante, permitindo que as pessoas expandam seus conhecimentos e habilidades de forma progressiva.

Para isso, é essencial fomentar um mindset de crescimento, mostrando que errar faz parte do processo de evolução e que os desafios devem ser vistos como oportunidades de aprendizado. Além disso, criar ambientes seguros para experimentação possibilita que as equipes testem novas ideias sem medo de represálias, favorecendo a inovação e a adaptação às mudanças.

Desenvolver a inteligência emocional torna-se também fundamental para lidar melhor com a incerteza e as pressões do cenário atual, permitindo uma resposta mais equilibrada e resiliente diante dos desafios.

O líder do futuro é aquele que abraça a transformação, guia sua equipe com clareza e promove um ambiente onde aprender e adaptar-se seja natural. A tecnologia continuará a evoluir, mas a verdadeira vantagem competitiva estará na capacidade humana de acompanhar esse ritmo.

Faça este exercício de reflexão sobre este capítulo. Reserve um momento para refletir sobre as perguntas a seguir. Escreva suas respostas ou discuta com seu time. O objetivo é estimular o pensamento crítico e a aplicação prática desses conceitos no seu dia a dia.

1. Reflita em qual quadrante você se identifica como líder dos novos tempos?

Matriz de flexibilidade e adaptação à mudança

	Resposta Lenta	**Resposta Rápida**
Mudança Lenta	• O Enraizado • Incompetente Inconsciente	• O Impulsivo • Competente Consciente
Mudança Rápida	• O Desorientado • Incompetente Consciente	• O Antenado • Competente Inconsciente

2. Pense em uma situação recente em que você precisou mudar sua forma de pensar ou agir no trabalho. Como você lidou com isso?

3. Você já resistiu a uma mudança por apego à sua zona de conforto? O que poderia ter feito diferente?

4. Qual foi a última vez que aprendeu algo completamente novo? Como foi esse processo para você?

5. Como você reage quando recebe feedback sobre algo que precisa melhorar?

6. Como você pode aplicar a flexibilidade cognitiva para melhorar sua comunicação com a equipe?

7. Que exemplo de adaptabilidade você gostaria de dar para sua equipe?

8. O que você pretende fazer esta semana de diferente para desafiar seu cérebro e desenvolver sua flexibilidade cognitiva e adaptabilidade?

8. COMO AJUDAR A EQUIPE NA MUDANÇA DE COMPORTAMENTO

Eu não estou aceitando as coisas que não posso mudar, estou mudando as coisas que não posso aceitar.

(Angela Davis)

O gatilho da mudança é interno: automotivação

Você já tentou fazer uma mudança nas atividades da equipe, ou mesmo mudar o comportamento de um colaborador, e nada deu certo? Mudança fracassada é mais comum do que podemos imaginar. Nos meus treinamentos, é frequente ouvir líderes lamentarem:

— *Já fiz de tudo e a pessoa não muda. Já acolhi, já dei bronca, já orientei, e nada.*

Pois bem, um ser humano só muda se quiser. Ninguém pode ser obrigado a mudar. Às vezes, o próprio colaborador não tem consciência de que ele não quer mudar; ao contrário, fica angustiado, dizendo que quer mudar um comportamento e não consegue. Sabe por quê? O colaborador se blinda contra a mudança e se agarra, inconscientemente, aos benefícios da não mudança, ou seja, à segurança de não encarar o novo.

O que é um hábito

Sabemos que nosso cérebro gosta de atuar através de padrões emocionais, mentais e comportamentais chamados de "hábitos", pois não há necessidade de pensar, e a ação é automática e rápida. Os hábitos, além da segurança emocional, nos dão velocidade de resposta às situações do cotidiano.

Os hábitos podem ser:

- Comportamentais (o que você faz)
- Mentais (o que você pensa)
- Emocionais (o que você sente com frequência)

Normalmente, o hábito tem uma raiz emocional e, por isso, muitas vezes é difícil de mudar. Todos eles se influenciam mutuamente, e é por isso que desenvolver a consciência é um passo essencial para qualquer mudança de hábito real e sustentável.

Os hábitos emocionais, mentais e comportamentais se conectam entre si, influenciando-se mutuamente. Imagine uma situação de delegação de tarefas, onde o líder, sem perceber, está sobrecarregando um colaborador super responsável, e que nunca diz não:

- Hábito emocional: Sente culpa para dizer não
- Hábito mental: Pensa "vou decepcionar meu gestor"
- Hábito comportamental: Aceita tarefas além do limite

Hábito é um circuito neural que, por ser acionado com muita frequência, se torna a trilha mais conhecida no seu mapa mental e, normalmente, é a primeira a ser acionada pelo piloto automático, sem necessidade de passar pela mente consciente. Isso acontece quando a situação demanda aquele padrão comportamental como resposta mais rápida e segura.

Dessa forma, é normal que, diante da necessidade de mudança, nosso cérebro resista a sair da "zona de conforto", pois está programado para respostas automáticas.

No passado, na hierarquia piramidal do mundo corporativo, as mudanças eram mais raras e lentas, e por isso nosso cérebro sentia mais conforto — tanto que a atitude de "abertura à mudança" não nos era tão exigida em nossa vida profissional e mesmo pessoal. Os processos de trabalho eram mais estáveis, e as decisões eram mais centralizadas, com relações profissionais mais dependentes da chefia, com demandas emocionais bem diferentes do momento atual.

Duas abordagens de liderar mudanças

O insucesso do líder em mudar algo na sua equipe, muitas vezes, decorre da premissa errada e visão equivocada sobre o processo de mudança: acreditar que mudar pessoas é ter o controle sobre elas.

Muitos líderes acreditam mesmo nessa crença; pior ainda, supõem que seu cargo é suficiente para influenciar mudanças de comportamentos ruins. Se fosse tão simples, bastaria dar uma ordem e tudo mudaria. Contudo, existe uma diferença crucial entre as duas abordagens na gestão de pessoas e mudanças organizacionais: reprimir comportamentos indesejados e construir novos comportamentos sustentáveis.

Abordagem 1: Reprimir comportamentos indesejados

Envolve uma gestão "comando e controle", usando o poder para proibir, punir ou corrigir. Por exemplo: um gestor que diz "não interrompa as pessoas na reunião" pode reduzir a frequência do comportamento, mas não educa e não treina o colaborador para se comunicar de forma assertiva. Assim, o colaborador fica apenas reprimido e não aprende como proceder adequadamente. Com isso, não se consegue instalar um novo modelo de comportamento e promover uma mudança genuína.

Líderes que optam por esse modelo de gestão frequentemente acreditam ser suficiente mostrar criticamente o erro e reprimir comportamentos indesejáveis. Essa abordagem pode gerar resistência, medo ou conformismo, ativando respostas fisiológicas de defesa no colaborador, dificultando ainda mais a mudança.

Esse é o maior problema do "comando controle": o líder não promove mudanças sustentáveis, mas apenas impede o surgimento do comportamento, temporariamente, o que coloca o cérebro em estado de vigília e atenção constante. Porém, em um momento de distração, o comportamento reprimido pode voltar, e novamente o líder terá que chamar seu colaborador "problemático" para uma conversa de "alinhamento". Essa relação desgastante entre líder e liderado parece não ter fim, até que um dos lados pede o "divórcio" e se separam. Os dois, líder e liderado, saem aliviados, porém frustrados pelo fracasso dessa relação tóxica, acreditando que a próxima relação será melhor. Será??? Se o líder não mudar sua mentalidade, o "script" se repetirá, até o momento em que resolva olhar para si e enxergar onde está a raiz do problema no seu próprio comportamento.

Abordagem 2: Construir novos comportamentos sustentáveis

Envolve uma liderança educadora que acredita na mudança de comportamento, porém com o apoio e vontade do colaborador. O papel do líder é ajudar na modelagem comportamental, mostrando o caminho das pedras e ajudando no esforço empenhado para subir os degraus dos estágios de competência demonstrados anteriormente, tirando o colaborador do estágio 1 - incompetente inconsciente e elevando para o degrau máximo do estágio 4 - competente inconsciente.

Esta abordagem exige que o líder ofereça alternativas viáveis e praticáveis para substituir comportamentos indesejados, com uma postura que envolva clareza, reforço positivo e adaptação contínua, para que a mudança se torne natural e não imposta.

Se quiser mudar um comportamento organizacional, não basta dizer: "Pare de atrasar a entrega do material". O líder precisa oferecer um caminho claro: "Vamos construir juntos um método melhor para organizar as prioridades e garantir a entrega no prazo".

Para fortalecer a postura do líder educador, é indispensável entender o funcionamento do cérebro humano, que é programado para blindagem à mudança.

Inclusive, é comum verificar uma certa resistência do colaborador para subir do estágio 1 (inconsciente incompetente) para o estágio 2 (consciente incompetente) dos quatro estágios da competência, porque algumas pessoas têm medo de se confrontar com seu sentimento de incompetência.

As pessoas resistem às mudanças porque determinadas áreas neurais ativam respostas emocionais relacionadas à sobrevivência, e o cérebro reage na busca da zona de conforto como um mecanismo de autoproteção.

Qualquer mudança, seja grande ou pequena, impacta nosso emocional, pois representa incerteza e ameaça à sensação de equilíbrio. Várias estruturas em nosso cérebro são projetadas para nos proteger de resultados potencialmente prejudiciais da mudança. Os humanos são programados para resistir às mudanças, e a todo momento atuamos contra nossa biologia. Vamos entender a química que faz nosso cérebro resistir às mudanças e permanecer na zona da acomodação.

O cérebro que busca prazer e evita dor: o sistema dopaminérgico

Já falamos anteriormente sobre o sistema dopaminérgico, porém quero focar no seu papel no processo de mudança de um hábito. Ele desempenha um papel fundamental na formação, manutenção e mudança de hábitos, sejam eles bons ou ruins. Ele está diretamente ligado ao circuito de recompensa do cérebro, que influencia a motivação, o prazer e a aprendizagem. Entender como ele funciona pode ajudar a mudar hábitos ruins e desenvolver hábitos mais saudáveis.

A dopamina é um neurotransmissor associado à expectativa de recompensa. Sempre que o cérebro percebe que uma ação pode resultar em algo prazeroso ou benéfico, ele libera dopamina. Essa liberação reforça o comportamento, criando um ciclo de hábito com três componentes principais:

1. Gatilho: O estímulo que inicia o hábito (por exemplo, o estresse que leva à vontade de fumar)

2. Rotina: O comportamento em si (como fumar).

3. Recompensa: A sensação prazerosa ou de alívio que reforça o hábito (a nicotina alivia momentaneamente o estresse).

O sistema dopaminérgico reforça esse ciclo ao associar o gatilho e a rotina com a recompensa. O que uma pessoa ganha em manter hábitos que nem sempre são bons? Por que hábitos ruins são difíceis de mudar? Por três motivos:

Motivo 1: Porque os hábitos ruins normalmente proporcionam recompensas imediatas, o que resulta em uma grande liberação de dopamina.

Isso cria uma dependência ao comportamento porque o cérebro "aprende" que aquela ação traz prazer rápido.

Motivo 2: Mesmo quando você tenta parar um hábito ruim, o cérebro ainda "lembra" da recompensa associada, tornando tentador voltar ao comportamento ruim.

Motivo 3: Os hábitos criam "trilhas" neurais no cérebro, tornando-os automáticos — mais fáceis e rápidos de executar do que adotar novos comportamentos, que exigem muita energia.

Os sabotadores biológicos da mudança

Como quebrar as resistências às mudanças? Trabalhando com a biologia humana e aproveitando o poder de nossos cérebros para ter sucesso na mudança. Britt Andreatta, autora do livro Programado para Resistir, mostra que somos biologicamente programados para resistir. Ela escreve em seu livro que diversas estruturas cerebrais entram em ação em conjunto, contribuindo para essa resistência às mudanças.

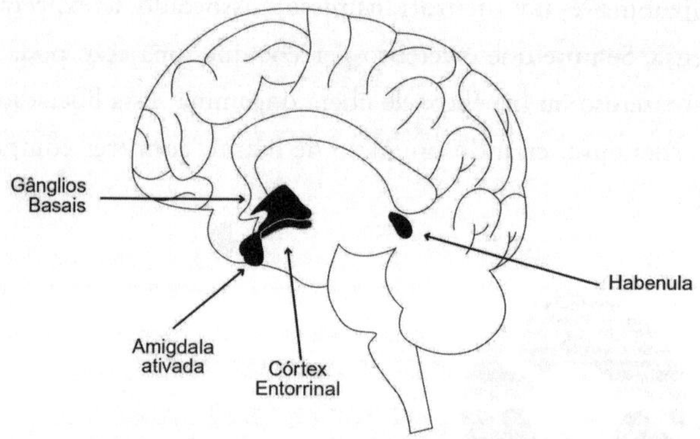

Vamos entender como funciona cada estrutura em um processo de mudança.

Amígdala

Sua função é processar e regular nossas memórias, emoções, estruturação e armazenamento de recordações, entre outras coisas. Detecta ameaças e ativa respostas de luta, fuga ou congelamento diante da incerteza, principalmente no início do processo de mudança.

Para acalmar a amígdala, que dispara alertas sempre que percebe uma ameaça, o segredo é criar um ambiente interno de mais segurança. Quando estamos diante de uma mudança, é natural sentir medo ou desconforto. Por isso, respirar com calma, dar nome ao que sentimos e organizar a transição em pequenos passos ajudam a mente a entender que não estamos em perigo. Conversar com pessoas de confiança, manter algumas rotinas e praticar presença — estar no aqui e agora — também são formas poderosas de tranquilizar o cérebro e atravessar o novo com mais leveza e clareza.

Córtex Entorrinal

É uma área do cérebro localizada dentro do hipocampo, onde a memória se consolida, e que funciona como nosso GPS mental, nos ajudando a navegar pelo espaço físico e social.

Além de ajudar na nossa sobrevivência, esses mapas mentais também podem criar um senso de familiaridade e pertencimento, algo que estamos biologicamente programados para buscar.

Construir novos mapas mentais consome muita energia e tempo para navegar em um novo espaço, motivo pelo qual sentimos fadiga física e mental quando começamos algo novo ou passamos por uma grande mudança.

Quando entramos em um novo ambiente social, nosso cérebro rapidamente começa a perceber quem tem mais poder, quem inspira confiança e com quem podemos criar vínculos. Ele mapeia relações com base na hierarquia e competência, mas também na empatia e afinidade. Essa leitura natural nos ajuda a encontrar um posicionamento mais assertivo e adequado ao contexto — desde que o medo da mudança não nos paralise ou nos afaste da nossa autenticidade.

Por isso, o *onboarding process* — o processo de integração do novo colaborador — é tão importante. É um conjunto de práticas que facilita a adaptação dos novos colaboradores à cultura da empresa, promove a compreensão de suas responsabilidades e estimula a conexão com a equipe. Esse processo marca um momento de grande transição para o colaborador, gerando uma verdadeira turbulência mental diante de tantas novidades: novo grupo social, novos procedimentos.

Gânglios Basais

Os gânglios basais têm a função de economizar energia e, por isso, transformam nossos comportamentos repetitivos em hábitos, facilitando a execução automática de ações frequentes.

Enquanto o processo de mudança acontece, gasta-se muita energia, levando muitas pessoas a desistirem no meio do caminho. A mudança de hábitos leva à fadiga porque exige das pessoas muita concentração e determinação na repetição do novo hábito.

É comum a mudança parecer uma punição ao cérebro, pois o novo hábito consome tempo e energia, e além disso, muitas vezes se espera que as pessoas criem um novo hábito sem ganhar recompensas atraentes que façam a mudança valer a pena.

Para tornar os gânglios basais aliados em momentos de mudança, o segredo está em repetir o novo comportamento em pequenos ciclos, com foco e intenção, até que ele deixe de exigir esforço consciente. Além disso, oferecer recompensas imediatas ao final de cada prática ajuda o cérebro a associar prazer à nova rotina, acelerando o processo de criação do hábito. Assim, ao invés de ver a mudança como punição, o cérebro passa a enxergá-la como algo positivo, desejável, e os gânglios basais começam a trabalhar a seu favor.

Habenula

É o centro de prevenção de fracassos e, por isso, esta estrutura percebe a mudança como oportunidade para fracassar e não para ter sucesso. Sua atividade está intimamente ligada a situações de mudança e adaptação, especialmente quando essas mudanças envolvem incertezas ou resultados negativos.

Em uma mudança que envolve incertezas ou expectativas frustradas, a habenula é ativada, sinalizando ao cérebro que ajuste o comportamento para evitar futuros erros. Ela pode amplificar a percepção de frustração, o que pode levar a comportamentos mais cautelosos ou até mesmo à evitação. Essa ativação pode ser útil, ajudando a pessoa a recalibrar suas estratégias, mas também pode levar a um estado de desmotivação se a ativação for constante e excessiva.

No contexto corporativo, onde mudanças constantes e rápidas são comuns, a habenula pode tanto facilitar adaptações positivas ao incentivar a reavaliação de estratégias diante de novos desafios, como gerar resistência à mudança, se houver uma sensação de perda de controle, expectativas frustradas ou sobrecarga emocional.

Por isso, no ambiente de trabalho, é essencial equilibrar as demandas de mudança com suporte emocional e clareza de objetivos, para evitar a ativação crônica da habenula e promover um estado de motivação saudável.

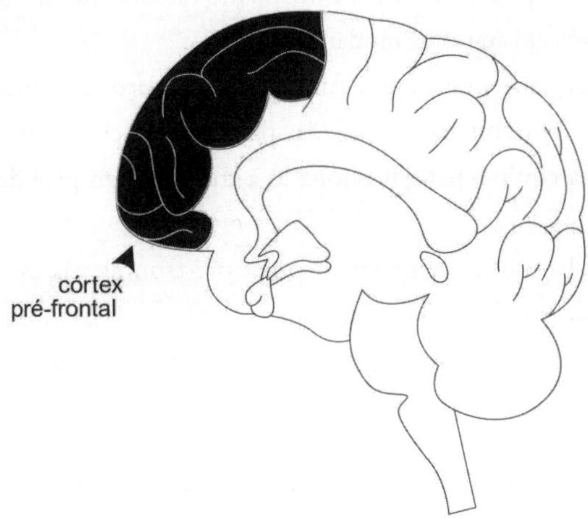

Córtex pré-frontal

Especialmente em contextos de incerteza, o pré-frontal atua como uma espécie de "centro de comando", ajudando a pessoa a regular emoções, ajustar comportamentos e focar nos objetivos.

Durante mudanças, o córtex pré-frontal trabalha para:

- Reinterpretar informações, ajustando comportamentos e pensamentos às novas demandas;
- Avaliar cenários futuros, antecipando os possíveis resultados da mudança;
- Ajustar as decisões, permitindo formular planos de ação.

Tem também a função de regulação emocional. Assim, em momentos de incerteza ou estresse, o córtex pré-frontal regula a atividade da amígdala, que é responsável pelas reações emocionais, ajudando a controlar o medo, a ansiedade ou a frustração, permitindo uma resposta mais racional e equilibrada às mudanças.

Para mudar um comportamento, um fator essencial para o sucesso é manter o foco no que é essencial, e o córtex pré-frontal desempenha um papel direto nisso. Ele filtra distrações e mantém a atenção nos objetivos relevantes. E por conta desse foco e atenção concentrada, o pré-frontal inibe o antigo hábito, incentivando escolhas mais deliberadas e alinhadas ao novo hábito.

Você viu como é fantástico o funcionamento cerebral durante o esforço de uma pessoa para encarar uma mudança?

O líder deve entender como funciona o cérebro humano e utilizar estratégias comportamentais adequadas para ativar o córtex pré-frontal do cérebro da sua equipe, para direcioná-lo a trabalhar em prol da mudança desejada.

Que fique bem claro: embora o córtex pré-frontal seja essencial para gerenciar mudanças, ele tem limitações.

- Se as demandas forem muito altas, ele pode ser "sobrecarregado", levando a decisões impulsivas ou a um estado de paralisia.
- O pré-frontal consome muita energia e pode ser menos eficiente quando a pessoa está cansada, estressada ou privada de sono.
- Em mudanças intensas ou ambientes tóxicos, a amígdala, estrutura do sistema emocional, pode dominar a atividade do córtex pré-frontal, gerando reações impulsivas e dificultando a adaptação.

Como o líder assertivo pode ativar o córtex pré-frontal do colaborador e ter sucesso ao conduzir uma conversa para mudança de um comportamento disfuncional?

Como ser um facilitador da mudança

O **pulo do gato** está em mudar o foco de "consertar o outro". Vamos aprender com Richard Boyatzis, renomado psicólogo em desenvolvimento humano, que afirma: "Ajudar pessoas é algo essencial na função de líder de uma equipe."

Em seu livro Helping People Change, Boyatzis explica a diferença entre "consertar o outro" e "conectar-se com a visão positiva do outro". Segundo ele, mudanças duradouras ocorrem quando as pessoas se conectam com sua visão de futuro desejado e assumem o compromisso de agir para realizá-la.

Mesmo líderes bem-intencionados podem errar ao acreditar que seu papel é "consertar" os colaboradores. Essa abordagem dificilmente resulta em mudanças positivas. Em vez disso, Boyatzis defende que o líder deve ajudar o colaborador a conectar-se com sua visão positiva e vincular essa visão a objetivos pessoais significativos.

Essa conexão gera energia motivacional para a mudança. Além disso, a empatia e a conexão humana são essenciais para o sucesso.

Para ajudar um colaborador a mudar, adote uma abordagem centrada em sua visão positiva. Aqui está um processo estruturado para orientar sua postura assertiva:

Roteiro para transformar comportamentos

Crie um diálogo com o colaborador seguindo o roteiro a seguir:

1. **Crie conexão empática:** Demonstre interesse genuíno em compreender as perspectivas, necessidades e desafios do colaborador. Isso constrói confiança e abre espaço para um diálogo construtivo.

2. **Identifique a visão positiva:** Descubra os valores, aspirações e metas do colaborador. Isso permite entender o que o motiva e onde ele quer chegar.

3. **Ofereça feedback específico e construtivo:** Fale sobre como o comportamento atual pode estar afetando seus objetivos e visão positiva.

4. **Explore os gaps:** Ajude o colaborador a identificar lacunas entre seu comportamento atual e o futuro que deseja alcançar. Convide-o a refletir sobre o que precisa fazer de diferente.

5. **Defina metas realistas:** Apoie o colaborador na criação de objetivos alcançáveis que estejam alinhados com sua visão positiva.

6. **Ofereça suporte contínuo:** Proporcione coaching, treinamento e recursos necessários para o desenvolvimento de novas habilidades. Reconheça os progressos e incentive o aprimoramento.

7. **Acompanhe o progresso:** Monitore o desenvolvimento, faça ajustes conforme necessário e continue reforçando a conexão com a visão positiva.

Esse processo impacta na expansão da consciência do colaborador, promove autoconhecimento, ampliação de perspectivas, resiliência e autonomia. Quando líderes e liderados acreditam que a mudança é boa e possível, criam um ambiente positivo para o crescimento.

Lembre-se: Jamais adote uma postura punitiva ou ameaçadora, como "Esta é sua última chance, ou será demitido." Esse tipo de abordagem gera medo e bloqueia o progresso.

Ao ajudar um colaborador a se conectar com sua visão positiva e apoiá-lo nessa jornada, você facilita um crescimento pessoal profundo e uma maior conscientização de si mesmo e do mundo ao redor.

Porém, se o hábito a ser mudado não for bem compreendido pelo colaborador, é importante ir além do foco no comportamento e explorar a dimensão emocional associada a esse hábito, ajudando-o a entender melhor a si mesmo.

Para mudar um hábito, é importante reconhecer qual é a emoção por trás dele. Isso começa com uma reflexão sobre os gatilhos que o ativam e as emoções que surgem nesse momento. Esse passo é essencial, pois muitas vezes agimos no automático, sem perceber como nossas emoções influenciam nosso comportamento.

Roteiro emocional para mapear hábitos

Reconhecer a emocionalidade do hábito é o primeiro passo para modificá-lo. Quando a pessoa entende o que o hábito realmente representa emocionalmente, fica mais fácil trabalhar para substituí-lo por comportamentos mais saudáveis.

Faça este exercício primeiro com você e depois pode aplicá-lo no seu colaborador.

Explore uma situação específica para aplicar essas etapas. Pense em um hábito que você quer mudar e siga o roteiro a seguir:

Passo 1. *Identifique o hábito e seu contexto*

- O que faz?
- Quando isso acontece?
- Com quem está?
- Onde está?

Passo 2. *Conecte o hábito à emoção*

- O que sente imediatamente antes de praticar o hábito?
- Como se sente enquanto está praticando?
- E depois que o hábito ocorre?

Passo 3. *Descubra o propósito emocional do hábito*

- O que você ganha ao praticar esse hábito?
- Que desconforto está evitando?

Passo 4. *Explore a origem do padrão emocional*

- Quando começou a agir assim?
- Quais mensagens internas sustentam esse hábito?

Passo 5. *Identifique os gatilhos*

- Externos: Situações, ambientes ou pessoas que despertam a emoção.
- Internos: Pensamentos ou crenças automáticas.

Passo 6. *Questione a utilidade do hábito e crie uma visão de futuro positivo*

- Por que continua fazendo isso, mesmo sabendo que não é útil?
- Que emoção você busca ao manter esse hábito?
- Como seria sua vida se não tivesse esse hábito?

Imaginemos que você já aplicou o roteiro com seu colaborador. Ele criou uma visão de futuro positivo? Se sim, você, líder, pode retornar ao roteiro do passo a passo de "Como ajudar o colaborador a mudar um comportamento" e continuar a conversa de alinhamento de expectativas com seu colaborador.

Boas práticas para criar bons hábitos

Para mudar um hábito, o primeiro passo é aumentar a consciência sobre ele e entender o impacto que está causando. Você pode ajudar seu colaborador (ou a si mesmo) a fazer isso de forma prática:

- Anote o que aconteceu antes, durante e depois de repetir o hábito. Escreva como se sentiu, quais pensamentos surgiram e o que estava fazendo no momento. Isso ajuda a perceber padrões que, muitas vezes, passam despercebidos.
- Converse com colegas de confiança e peça um feedback sincero. Eles podem mostrar comportamentos que estão contribuindo positivamente para o ambiente de trabalho e também aqueles que podem estar te atrapalhando ou gerando impacto negativo na equipe.

Além disso, algumas atitudes simples ajudam muito na construção de novos e bons hábitos:

1. Troque o hábito ruim por algo mais saudável. O cérebro gosta de recompensas, então vale substituir um comportamento improdutivo por outro que traga uma sensação parecida. Por exemplo: em vez de checar redes sociais quando estiver ansioso, tente respirar fundo por dois minutos ou dar uma volta rápida no ambiente de trabalho. Com o tempo, seu cérebro vai associar esse novo comportamento à sensação de alívio e controle.

2. Estabeleça metas pequenas e comemore os avanços, pois cada pequena vitória ativa a dopamina e mantém a motivação. Comemore cada ação produtiva com uma pausa agradável, como tomar um café ou conversar com alguém.

3. Imagine os ganhos futuros, visualizando os benefícios de manter o novo hábito. Por exemplo: pense em como será ter mais tempo livre no fim do dia por ter organizado bem sua agenda e cumprido o que era mais importante.

4. Dificulte o hábito que você quer mudar, tornando-o o menos acessível possível. Por exemplo: se você costuma aceitar todas as demandas automaticamente e isso atrapalha sua produtividade, comece a responder com mais consciência, seja assertivo e dê limites, dizendo: "Posso te responder em alguns minutos?" ou interrompa seu "sim" automático, dizendo: "Deixa eu ver minha agenda antes".

Mudar um hábito exige consciência, vontade e três atitudes fundamentais: foco, determinação e disciplina. Mas com pequenos passos consistentes, a transformação acontece.

- **Foco:** Se você deseja ser capaz de algo, a primeira coisa é treinar seu cérebro para focar naquilo que deseja, ativando sua atenção **concentrada.**

- **Determinação:** Se você deseja atingir um objetivo de mudança, saia imediatamente do seu piloto automático e tenha claro que você está no comando da sua vida.

- **Disciplina:** Se você quer mesmo mudar um hábito, acrescente nesta receita a disciplina, e tenha firmeza e insistência na criação da consistência da nova rotina, praticando e praticando o novo comportamento. Se errar, não desista, tente novamente.

A mudança de hábitos ruins exige um esforço consciente para "reprogramar" o circuito de recompensa do cérebro. Usar o sistema dopaminérgico estrategicamente, combinando consistência, visualização de benefícios e substituição de hábitos, pode ajudar a construir um comportamento mais saudável e sustentável.

Vimos que as pessoas mudam, desde que elas queiram. Cabe ao líder estimular a motivação para mudança e ajudar sua equipe a enfrentar o processo de mudança com menos sofrimento, caminhando lado a lado da sua equipe durante todo o processo, com um olhar empático e uma postura firme.

Você conheceu bons roteiros para conduzir mudanças em você e na sua equipe. Sua sabedoria está em usá-los com eficiência. Seja sábio!

1. O que de mais importante você aprendeu neste capítulo?

2. Como você tem atuado na mudança de comportamento da equipe? Qual é o resultado obtido?

3. O que você pretende fazer de diferente no processo de mudança de comportamento de sua equipe?

4. Comece a praticar seus aprendizados na mudança de seus hábitos e depois com sua equipe.

Bom trabalho!

9. INIMIGOS INTERNOS DA ASSERTIVIDADE DO LÍDER

Conheça seu maior rival: você mesmo

A assertividade é fundamental para uma liderança eficaz, mas pode ser comprometida principalmente por fatores internos. O que pode sabotar sua objetividade, imparcialidade, autoconfiança e firmeza na tomada de decisão e na condução da equipe? Suas crenças limitantes, seus sabotadores internos, seus vieses cognitivos e preconceitos.

E qual é o melhor antídoto para combater os inimigos internos? Sua melhor arma é o autoconhecimento.

Como já dissemos, o autoconhecimento é o ponto de partida da liderança assertiva. Mas, infelizmente, muitos líderes pecam nesse quesito e não têm consciência de suas limitações e muito menos do seu potencial positivo, porque suas áreas frágeis, medos e inseguranças dominam seus comportamentos.

Quem não se conhece reage no piloto automático, sem noção real dos impactos das suas ações na equipe. É aquela história: só podemos mudar aquilo que conhecemos, com a tomada de consciência.

O resultado do baixo autoconhecimento é a falta de consciência para melhorar sua performance como líder, cascateando uma série de outros comportamentos sabotadores: medo de enfrentar situações conflitantes, sobrecarga emocional e ausência de feedbacks de sua equipe.

As crenças que limitam ou expandem

Crenças são convicções ou ideias que temos sobre nós mesmos, sobre os outros e sobre o mundo, formadas ao longo da vida por meio de experiências, educação e influências culturais. Elas funcionam como filtros que moldam a forma como percebemos a realidade e tomamos decisões.

As crenças são informações armazenadas no cérebro e, quando acessadas, ativam circuitos neurais que conectam diferentes áreas responsáveis por processar e consolidar o que aprendemos ao longo do tempo, principalmente aquelas envolvidas no processamento emocional, tomada de decisão e memória.

As principais áreas cerebrais são:

- O córtex pré-frontal, que avalia se a crença faz sentido e media o conflito entre duas crenças opostas;
- A amígdala, que dispara o alarme emocional e produz a emoção de proteção às ameaças advindas da crença;
- O hipocampo, o arquivista das memórias, que ajuda a recuperar experiências passadas positivas e negativas que reforçam ou desafiam nossas crenças;
- O sistema de recompensa, que produz dopamina quando uma crença gera confirmação e validação, reforçando a crença; e, finalmente,
- O córtex cingulado anterior, que funciona como regulador de conflitos, trabalhando para adaptação e mudança para novas crenças.

As crenças têm bases neurológicas reais e, ao serem ativadas, mobilizam emoções, memórias e padrões de recompensa que influenciam diretamente nossas escolhas e comportamentos.

Podemos desenvolver, no transcorrer da vida, dois tipos de crenças:

Crenças transformadoras: São convicções internas que estimulam nosso otimismo e positivismo, colocando-nos em movimento na busca de realizações dos nossos objetivos. São baseadas em ensinamentos e mensagens positivas, experiências de superação e confirmação de hábitos bem-sucedidos.

Crenças limitantes: São convicções internas que restringem ou diminuem nossa capacidade de agir, crescer e alcançar objetivos. São pensamentos enraizados e inseridos em nosso modelo mental, através do processo educacional, do reforço cultural e também de nossa percepção de situações e experiências vividas. Elas nos fazem acreditar em algo negativo sobre nós, sobre outros e sobre situações. Baseadas muitas vezes em experiências negativas ou interpretações distorcidas do passado, essas crenças criam barreiras mentais que impedem a exploração de novas possibilidades para o desenvolvimento pessoal e profissional.

Podemos dizer que as crenças limitantes são:

- Disfuncionais, porque predispõem a desordens emocionais, impedindo a realização de metas;
- Irracionais, porque não possuem base lógica;
- Rígidas, porque são extremistas e aplicáveis em toda situação.

As crenças limitantes, normalmente, são associadas a emoções fortes de ansiedade, medo e raiva e ativadas em situações nas quais a pessoa se sente vulnerável, ou seja, sem recursos físicos, intelectuais e psicológicos para enfrentar a situação.

Vejamos alguns exemplos de crenças limitantes:

- Você tem que ser perfeito em tudo.
- Você tem que agradar as pessoas para ser amado por elas.
- Se você errar, é incompetente.
- Você não deve pedir ajuda, pois isso é mostrar fragilidade.
- Você deve se esforçar muito; os outros são mais inteligentes.
- Você não deve confiar em ninguém; as pessoas são más por natureza.
- Você é fraco e sempre precisa de uma pessoa forte para te proteger.

A estratégia mais adequada é a ressignificação cognitiva do pensamento negativo, que é testar e contestar a veracidade do pensamento e substituí-lo por um pensamento transformador. Esta técnica está descrita no capítulo "Gestão Emocional".

Sabotadores: os vilões silenciosos

Sabotadores são padrões mentais automáticos e habituais que atuam como estratégia de proteção para sua sobrevivência, porém trabalham contra o que é melhor para você. Esses sabotadores são desenvolvidos em nós desde a infância para sobrevivermos às ameaças físicas e emocionais que percebemos na vida. O problema é que, normalmente, eles continuam presentes na vida adulta, fingindo ser amigos, quando na verdade não deveriam ser mais necessários para nossa proteção.

Esses "inimigos internos" geralmente derivam de inseguranças ou crenças limitantes e se manifestam através de atitudes negativas, procrastinação ou autocrítica excessiva, atrapalhando o desempenho e a assertividade.

Críticas internas funcionam como sabotadores que impedem a exploração honesta de pontos fortes e áreas de melhoria. Quando o líder se deixa dominar por pensamentos sabotadores, ele pode acreditar que mostrar vulnerabilidade é sinal de fraqueza, inibindo a busca por autoconhecimento e, consequentemente, a autoaceitação.

Se não os removermos da nossa mente, os sabotadores limitam nossa liberdade mental e emocional, engessando nossos pensamentos e nos levando a escolhas insensatas que geram conflitos nas relações interpessoais.

Por isso, nosso intuito aqui é trazer à consciência esses sabotadores mais presentes em nossas escolhas comportamentais e usar nosso pensamento sábio para livrar nossa mente desses inimigos.

Como funciona nossa mente quando nossas escolhas comportamentais são contaminadas por nossos sabotadores?

Como diz Shirzad Chamine, em seu livro Inteligência Positiva (ed. Fontanar): "Quando chegamos à idade adulta, os sabotadores se tornam habitantes invisíveis da nossa mente. Nem sabemos que existem."

Os dez sabotadores habitantes da nossa mente

Shirzad Chamine destaca dez sabotadores e sugere que você identifique seus sabotadores mais ativos em sua mente.

O sabotador principal é o CRÍTICO.

O Crítico: Acha defeitos em si mesmo, nos outros e nas circunstâncias. Provoca a maior parte da nossa decepção, raiva, arrependimento, culpa, vergonha e ansiedade.

Imagine você, quando aquela vozinha interna, aquele pensamento negativo, fica te alertando e apontando "seus defeitos", dizendo:

— Você é cheio de imperfeições;

— A qualidade de seu trabalho pode ser melhor;

— Você precisa se esforçar muito para ser bem avaliado;

— As pessoas nunca entregam o seu melhor.

E por aí vai.

Reflita sobre a força que esse sabotador exerce sobre você.

Força: 0 1 2 3 4 5 6 7 8 9 10

A chave para reduzir o poder do CRÍTICO é tomar consciência quando ele está surgindo. Estar consciente vai lhe dar a capacidade de identificar e desmascarar o **crítico** em seu ato de sabotagem.

Saiba que ele ataca em três frentes:

1. Criticando a si mesmo;

2. Criticando as pessoas ao seu redor;

3. Criticando as suas circunstâncias externas.

A solução é enfraquecer os efeitos do crítico. Como?

Fazendo uma avaliação cognitiva e ressignificação dos seus pensamentos e sentimentos negativos provenientes do seu sabotador crítico.

Primeiro passo: Observe e rotule os pensamentos e sentimentos do CRÍTICO.

Rotule seu crítico. Dê a ele um nome, por exemplo: "O Destruidor", "O Sabe-tudo", ou seja, invente um nome que melhor identifique a verdadeira natureza do seu crítico.

O ato de observar e rotular seu crítico por si só terá um impacto significativo na sua vida. Com isso, você vai olhar para seu crítico como uma personagem fora de você, um intruso que está contaminando seus bons pensamentos e sentimentos sobre você, sobre o outro e sobre as circunstâncias.

Segundo passo: Quando o ímpeto de criticar vier à tona, modifique a linguagem da sua vozinha interna. Ao invés de dizer "Não consigo", troque por "Meu crítico diz que não consigo". Com isso, você vai enfraquecendo a credibilidade do seu sabotador crítico.

Terceiro passo: Analise com imparcialidade o que seu crítico está lhe dizendo. Avalie se faz sentido ou não. O lado bom do crítico é que ele nos estimula a sermos melhores. O lado ruim do crítico é quando ele mina nossas energias e autoconfiança, ao ponto de contaminar nossa determinação e foco naquilo que importa.

Quarto passo: Relembre e foque nas coisas e resultados positivos que você obteve sucesso e ressignifique seus pensamentos sobre sua importância, sua competência e bem-querer.

Quinto passo: Tenha empatia por você e pelo outro, compreendendo que você não é perfeito e que ter coragem de olhar para suas vulnerabilidades o fortalecerá para ir em frente e admitir que ninguém é perfeito, e que as pessoas podem aprender com seus próprios erros e mesmo com os erros dos outros.

Sexto passo: Crie uma rede de apoio baseada no julgamento racional, verdadeiro, empatia e tolerância, onde as pessoas consigam compreender umas às outras.

Sétimo passo: Pratique a nova rotina de pensar, sentir e agir. E se o crítico exacerbar sua presença em sua mente, não se desespere, admita sua aparição, observe-o e rotule-o, ou seja, inicie o processo de ressignificação daquele pensamento ruim e do sentimento negativo e interrompa o ciclo antes que o crítico defina suas reações.

Desejo que você tenha consciência, determinação e coragem para lidar com seu crítico a seu favor. Os demais sabotadores estão ligados ao sabotador crítico.

Leia a descrição dos outros nove sabotadores, segundo Chamine, e dê uma nota de 0 a 10, avaliando a força que o sabotador atua em você e em suas decisões.

Autoavaliação dos sabotadores

1. O Insistente: É perfeccionista e tem necessidade de ordem e organização levadas longe demais, com exagero.

Força: 0 1 2 3 4 5 6 7 8 9 10

2. O Prestativo: Tentativa indireta de conseguir aceitação e afeição por meio de ajuda, agrado, resgate ou elogio a outros. Perde as próprias necessidades de vista e se torna ressentido como resultado.

Força: 0 1 2 3 4 5 6 7 8 9 10

3. O Hiper-Realizador: Dependente de desempenho e realizações constantes para respeito próprio e autoavaliação. Altamente concentrado em sucesso externo, que leva a tendências workaholic insustentáveis e perda de contato com as necessidades emocionais e de relacionamento mais profundas.

Força: 0 1 2 3 4 5 6 7 8 9 10

4. A Vítima: Estilo emocional temperamental para conquistar atenção e afeição. Foco extremo em sentimentos internos, principalmente os dolorosos. Tendência para mártir.

Força: 0 1 2 3 4 5 6 7 8 9 10

5. O Hiper-Racional: Foco intenso e exclusivo no processamento racional de tudo, incluindo relacionamentos. Pode ser percebido como frio, distante e intelectualmente arrogante.

Força: 0 1 2 3 4 5 6 7 8 9 10

6. O Hipervigilante: Ansiedade contínua e intensa quanto a todos os perigos da vida e grande foco no que pode dar errado. Vigilância que nunca pode descansar.

Força: 0 1 2 3 4 5 6 7 8 9 10

7. O Inquieto: Em constante busca de maior excitação na próxima atividade ou se ocupando constantemente. Raramente fica em paz ou satisfeito com a atividade do momento.

Força: 0 1 2 3 4 5 6 7 8 9 10

8. O Controlador: Necessidade baseada em ansiedade de assumir a responsabilidade e controlar situações, forçando as ações das pessoas à sua própria vontade. Resulta em alta ansiedade e impaciência quando não é possível.

Força: 0 1 2 3 4 5 6 7 8 9 10

9. O Esquivo: Foco no positivo e no agradável de uma forma extrema. Fuga de tarefas e conflitos difíceis e desagradáveis.

Força: 0 1 2 3 4 5 6 7 8 9 10

Você pode aprofundar seus conhecimentos sobre seus sabotadores e aprender como usar sua sabedoria para neutralizá-los. Sugiro a leitura da obra de Shirzad Chamine, Inteligência Positiva.

Vimos que sabotadores são criados para nossa proteção e sobrevivência, porém, na maioria das vezes, esses sabotadores nos atrapalham e nos impedem de voarmos mais alto, nos tiram nosso equilíbrio emocional e nos colocam na defensiva. E aí, onde está nossa firmeza, nossa autoconfiança, a nossa assertividade?!

Essa é a grande armadilha dos sabotadores: eles aparecem com a desculpa de nos ajudar a atingir nosso objetivo de sucesso, de ser feliz, de ser querido, de ser competente, e aí sofremos com as estratégias comportamentais que esses sabotadores nos sugerem, tais como:

- Ser bonzinho para agradar os outros;
- Ser perfeccionista e não poder errar nunca;
- Desconfiar de tudo e de todos;

- Ser *workaholic*;
- Fugir dos conflitos;
- Estar sempre ocupado.

Isso porque nosso maior objetivo é termos uma reputação positiva perante ao meio e às pessoas que consideramos importantes e, assim, obtermos a confirmação de quanto somos importantes, competentes e queridos.

Parece ser indispensável sermos aprovados e validados pelo ambiente em que vivemos, porém, quando não temos consciência de que nossos sabotadores estão excessivamente dirigindo nossas ações e tomada de decisão, a jornada pode ser muito mais estressante.

Vieses cognitivos: armadilhas do pensamento

São atalhos mentais enganosos, pois promovem distorções inconscientes do pensamento e que afetam nossa tomada de decisão e percepção da realidade. No mundo acelerado que vivemos, temos pressa para resolver os problemas e tomar decisões rápidas. O nosso cérebro quer atender toda a demanda e usa vieses para simplificar a enorme quantidade de informações que recebe, mas isso pode levar a julgamentos e preconceitos errados.

Preconceitos são julgamentos ou atitudes pré-formadas e negativas direcionadas a pessoas ou grupos, baseadas em estereótipos ou generalizações infundadas.

Decisões enviesadas, liderança comprometida

Existem vários vieses cognitivos, mas vamos destacar aqui apenas cinco que afetam negativamente as decisões do líder. Confira se você percebe esses vieses nas suas decisões:

1. Viés de confirmação: O líder tende a buscar ou valorizar informações que confirmem suas crenças pré-existentes, ignorando dados que possam contradizer suas opiniões. Isso pode limitar a capacidade de se adaptar a novas ideias ou contextos.

2. Viés de ancoragem: Decisões podem ser indevidamente

influenciadas por uma informação inicial âncora, mesmo que essa informação seja irrelevante ou desatualizada.

3. Viés de excesso de confiança: Líderes que superestimam suas próprias habilidades e conhecimentos podem não considerar opiniões ou informações que poderiam enriquecer a tomada de decisão.
4. Viés do status quo: A tendência de preferir o que é familiar pode impedir inovações e adaptações necessárias em ambientes de rápida mudança.
5. Viés de disponibilidade: Decisões baseadas em informações que vêm facilmente à mente, muitas vezes porque são recentes ou emocionalmente carregadas, podem não refletir a realidade de forma abrangente.

Como esses vilões sabotam a assertividade

Vejamos um exemplo: Imagine um líder que internalizou a ideia de que "mostrar emoção é sinal de fraqueza". Essa crença, muitas vezes enraizada em padrões culturais ou experiências passadas, pode levá-lo a reprimir sentimentos genuínos e a evitar conversas sinceras sobre desafios pessoais e profissionais. Ao agir dessa forma, ele não só deixa de ser autêntico, mas também dificulta que sua equipe se conecte verdadeiramente com ele. Esse cenário cria um ciclo em que a falta de autoconhecimento alimenta vieses e sabotadores, e a comunicação torna-se rígida e desconectada da verdade pessoal.

Influência das crenças

As crenças moldam nossa percepção do mundo e de nós mesmos. Quando são baseadas na verdade e na autoconfiança, podem fortalecer a assertividade. Contudo, crenças limitantes podem bloquear o desenvolvimento pessoal e profissional.

Atuação dos sabotadores

Sabotadores frequentemente emergem de crenças limitantes e se manifestam como comportamentos que impedem a comunicação clara e a tomada de decisão assertiva. Eles minam a autoconfiança e podem desestabilizar o ambiente de liderança.

Atuação dos preconceitos e vieses cognitivos:

Tanto os preconceitos quanto os vieses cognitivos alteram a percepção de forma negativa, levando a julgamentos parciais e decisões desequilibradas. Esses processos podem criar barreiras na comunicação com a equipe e na avaliação justa de situações e pessoas.

A percepção, sendo o filtro pelo qual interpretamos o mundo, pode ser distorcida pelos vieses e preconceitos, afetando não apenas as decisões do líder, mas também a maneira como ele se relaciona e comunica com sua equipe.

Para uma comunicação ser assertiva e sem distorções, é crucial identificar e questionar crenças limitantes, reconhecer os sabotadores internos e estar atento aos vieses e preconceitos que podem distorcer a percepção da realidade. Essa reflexão contínua promove uma comunicação mais genuína, baseada na verdade, permitindo que o líder se conecte de forma equilibrada e eficaz com sua equipe.

Ao identificar e trabalhar esses inimigos internos, por meio de práticas como o feedback honesto, a reflexão pessoal e a abertura para a vulnerabilidade, o líder pode fortalecer sua autenticidade e, consequentemente, adotar uma postura mais assertiva e eficaz. Esse alinhamento com a verdade não apenas melhora a autopercepção, mas também cria um ambiente de confiança e colaboração com a equipe.

Um líder não assertivo pode ser mais suscetível aos vieses, já que a autocrítica e o feedback se tornam menos frequentes ou honestos. Por sua vez, os vieses cognitivos podem reforçar preconceitos e impedir a abertura para novas perspectivas, criando um ciclo que deteriora a eficácia da liderança.

As crenças são o ponto de partida que pode tanto fortalecer quanto prejudicar a liderança assertiva. Quando baseadas na verdade e na autoconfiança, elas sustentam uma comunicação aberta e autêntica. No entanto, crenças limitantes ou preconceituosas podem levar a vieses cognitivos e sabotadores que distorcem a percepção, prejudicando a tomada de decisão e a relação com a equipe. Para liderar de forma assertiva, é essencial que o líder esteja atento às suas crenças, buscando continuamente aprimorá-las e alinhá-las com uma visão mais ampla e inclusiva da realidade.

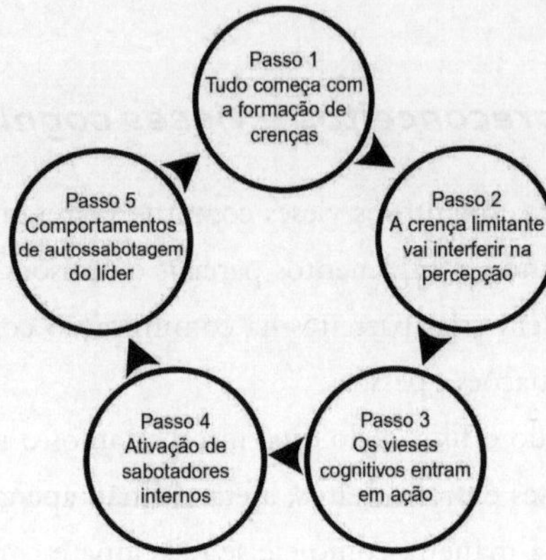

Vejamos um passo a passo para ilustrar como crenças podem levar, de forma interligada com outros conceitos, a resultados negativos na prática da liderança:

Passo 1 – Tudo começa com a formação de crenças

As crenças atuam como filtros, determinando como interpretamos e reagimos às situações. Algumas dessas crenças podem ser negativas ou distorcidas, criando barreiras que restringem o potencial e a iniciativa de agir.

Passo 2 – A crença limitante vai interferir na percepção

A percepção é a maneira como interpretamos as informações, sendo moldada por nossas crenças. Se a base for uma crença limitante, a percepção tende a ser distorcida, evidenciando apenas aspectos negativos ou reforçando a insegurança.

Passo 3 – Os vieses cognitivos entram em ação

Durante esse processo, atalhos mentais, como o viés de confirmação ou o viés da negatividade, entram em ação. Eles fazem com que o líder busque, valorize e dê mais peso às informações que confirmam suas crenças limitantes, ignorando dados que poderiam oferecer uma visão mais equilibrada.

Passo 4 – A encrenca está montada com a ativação de sabotadores internos

A partir das crenças e da percepção distorcida, surgem pensamentos autocríticos e sabotadores internos. Essas vozes internas reforçam a ideia de inadequação e desencorajam a tomada de iniciativas ou mudanças.

Passo 5 – O líder manifesta seus inimigos internos através dos seus comportamentos de autossabotagem

Com os sabotadores atuando, o líder adota comportamentos que efetivamente comprometem seu desempenho. Alguns exemplos incluem:

- Procrastinação: Adiar ações importantes devido ao medo de fracassar.
- Perfeccionismo exagerado: Evitar iniciar projetos por temer que nada seja feito de forma perfeita.
- Autocensura: Reprimir ideias e opiniões para evitar críticas ou rejeição.
- Fuga de desafios: Optar por permanecer em zonas de conforto, evitando riscos que poderiam promover crescimento.

Os resultados negativos desse passo a passo reforçam as crenças limitantes originais. O insucesso confirma, para o líder, a validade de suas crenças negativas, intensificando os sabotadores e perpetuando o ciclo.

Rompendo os ciclos da autossabotagem

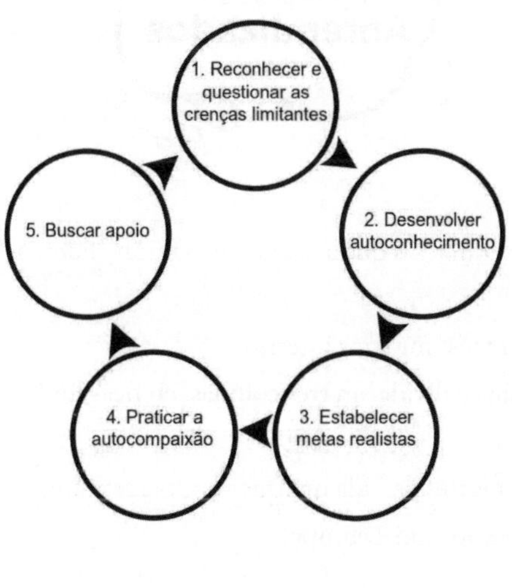

Para interromper esse ciclo, é fundamental:

1. Reconhecer e questionar as crenças limitantes: Identificar os pensamentos negativos e desafiá-los com evidências reais e positivas sobre suas capacidades.

2. Desenvolver autoconhecimento: Práticas como a meditação, a escrita reflexiva ou a terapia podem ajudar a identificar padrões de autossabotagem e a compreender suas origens.

3. Praticar a autocompaixão: Tratar a si mesmo com gentileza e compreender que erros fazem parte do processo de aprendizado é essencial para reduzir a autocrítica excessiva.

4. Estabelecer metas realistas: Metas irreais alimentam a frustração e a sensação de fracasso por conta de sabotadores como o perfeccionismo. Ao estabelecer objetivos que estejam alinhados com sua realidade, você cria um ambiente positivo com a perspectiva de atingimento. Metas realistas ajudam a manter o foco no que é viável, sem se perder em exigências desmedidas.

5. Buscar apoio: Ter um mentor, um coach ou participar de grupos de apoio pode proporcionar feedback construtivo e ajudar a identificar comportamentos autossabotadores.

Meus inimigos internos que atrapalham a minha liderança assertiva:

1. Mapeando meus inimigos internos

Pegue uma folha e divida em três colunas: crenças limitantes, sabotadores e vieses cognitivos.

Liste pelo menos três de cada um que você percebe influenciar sua tomada de decisão e interação com a equipe.

Para cada item, escreva um exemplo de situação no trabalho onde ele já interferiu.

2. Ressignificando minhas crenças limitantes: Que pensamentos automáticos limitam meu crescimento e assertividade?
    - Escolha uma crença limitante que você identificou no exercício anterior.
    - Pergunte-se: Essa crença tem base real ou é apenas uma interpretação distorcida da realidade?
    - Transforme a crença limitante em uma crença transformadora. Exemplo:

Crença limitante: "Se eu errar, serei incompetente."
Crença transformadora: "Errar faz parte do aprendizado e me torna um líder mais experiente."

3. Identificando e enfraquecendo meu crítico interno
    - Dê um nome divertido ao seu crítico interno. Exemplo: "Perfeccionista", "Juiz", "Sabe-tudo".
    - Escreva um diálogo entre você e esse crítico, onde você o questiona e desafia suas afirmações.
    - Sempre que perceber pensamentos autossabotadores, diga mentalmente: "Meu crítico diz isso, mas a realidade é diferente."

4. Desenvolvendo o autoconhecimento diário
    - Durante 5 dias, ao final do dia, escreva três momentos em que você sentiu que sua assertividade foi afetada por um inimigo interno.
    - Pergunte-se: O que eu poderia ter feito de diferente se estivesse mais consciente naquele momento?

5. Criando meu mapa da liderança assertiva

Pegue um papel e desenhe um mapa com três áreas principais:

- Crenças positivas;
- Comportamentos assertivos;
- Atitudes para fortalecer.

Em cada área, escreva ações que você pode praticar para fortalecer sua assertividade.

Em cada área, escreva ações que você pode praticar para fortalecer sua assertividade.

10. GESTÃO EMOCIONAL: LIDERANDO CORAÇÕES E MENTES

O que é inteligência emocional na prática

Competência pessoal: É a capacidade de identificar e gerenciar nossos próprios sentimentos para acalmar nossa mente, para motivar nossa energia para atingir resultados e para nos dar otimismo e sentido de vida.

Competência social: É também a capacidade de inspirarmos as outras pessoas a se sentirem confortáveis, respeitadas e seguras emocionalmente, permitindo que essas pessoas sejam assertivas e expressem verdadeiramente suas opiniões, sentimentos e necessidades.

As doze habilidades da inteligência emocional

Segundo Daniel Goleman, Ph.D., psicólogo e autor do best-seller Inteligência Emocional, a inteligência emocional se ancora em 5 pilares:

1° pilar — Autoconsciência: Trazer à consciência e entender suas emoções, pensamentos, sentimentos e comportamentos.

2° pilar — Autogestão: Frear o seu emocional e não permitir ser sequestrado pelo sistema límbico. Avaliar o que está acontecendo e escolher a melhor ação.

3° pilar — Consciência social: Compreender o outro e adequar suas reações e sua comunicação. Fazer empatia.

4° pilar — Gestão das relações: Administrar os relacionamentos com suas hablidades sociais, demonstrando sensibilidade, foco na solução e usando uma comunicação assertiva.

5° pilar — Automotivação: Manter sua energia e persistência para resistir às pequenas recompensas e controlar seus impulsos, com força de vontade para não ceder aos benefícios de curto prazo.

Usando a metodologia de análise de competências, Daniel Goleman e seu parceiro Richard Boyatzis observaram líderes de alto desempenho e identificaram os padrões de comportamento que os diferenciavam dos demais, que são as doze habilidades da liderança emocionalmente inteligente, distribuídas nos quatro pilares: autoconsciência, autogestão, consciência social e gestão de relacionamentos. Dessa forma, Goleman consolidou seu modelo, mostrando que inteligência emocional não é *soft skill*, mas uma vantagem competitiva real no mundo dos negócios.

Vamos a elas:

Autoconsciência emocional	Autogestão emocional	Consciência social	Gestão de relacionamentos
1. Autoconsciência emocional	2. Gestão das emoções 3. Adaptabilidade 4. Orientação para resultados 5. Otimismo	6. Empatia 7. Consciência organizacional	8. Influência 9. Coach e mentor 10. Gestão de conflitos 11. Trabalho em equipe 12. Liderança inspiradora

Um líder assertivo não apenas compreende suas emoções, mas também sabe usá-las estrategicamente para construir ambientes de alta performance e relações saudáveis. Vamos explorar como cada uma das habilidades da inteligência emocional se manifesta na liderança assertiva:

1. Autoconsciência emocional – O líder assertivo tem clareza sobre suas emoções e gatilhos emocionais. Ele reconhece como seus sentimentos afetam suas decisões e interações, permitindo que aja com coerência e autenticidade. Essa habilidade evita reações

impulsivas e melhora a capacidade de resposta em situações desafiadoras.

2. Gestão das emoções – Manter o autocontrole é essencial para a assertividade. O líder assertivo não reprime emoções, mas as administra de forma racional, evitando explosões ou omissão em momentos críticos. Ele sabe que a calma e o equilíbrio fortalecem sua credibilidade e influência.

3. Orientação para realização – A liderança assertiva é focada em resultados, desafiando a equipe a sair da zona de conforto e buscar a excelência. O líder assertivo não aceita a estagnação e incentiva o aprendizado contínuo, promovendo um ambiente de crescimento e superação.

4. Otimismo – Manter uma visão positiva é um dos pilares da liderança assertiva. O líder assertivo enxerga desafios como oportunidades, motiva a equipe a persistir diante das dificuldades e cria um ambiente de confiança e bem-estar, reduzindo o impacto do pessimismo e da desmotivação.

5. Adaptabilidade – A mudança é constante, e o líder assertivo sabe se ajustar rapidamente, sem perder sua identidade ou propósito. Ele incentiva a equipe a lidar com incertezas de forma proativa, desenvolvendo resiliência e mentalidade de crescimento.

6. Empatia – Um líder assertivo compreende a perspectiva dos outros, valida emoções e promove um ambiente de respeito e colaboração. A empatia não é sinônimo de permissividade, mas sim de conexão genuína, permitindo que ele tome decisões que consideram tanto os objetivos da empresa quanto o bem-estar da equipe.

7. Consciência organizacional – O líder assertivo tem uma visão sistêmica da organização. Ele entende a dinâmica das relações, identifica influenciadores e ajusta sua comunicação para se alinhar à cultura corporativa, tornando suas ações mais eficazes.

8. Influência positiva – Assertividade e influência andam juntas. O líder assertivo convence e inspira sem recorrer à imposição,

utilizando a comunicação clara e consistente para engajar a equipe e garantir alinhamento com os objetivos organizacionais.

9. Treinamento e mentoria – A liderança assertiva é catalisadora de desenvolvimento. O líder assertivo compartilha conhecimento, fornece feedbacks construtivos e investe na evolução da equipe, ajudando cada membro a atingir seu potencial máximo.
10. Gestão de conflitos – Conflitos são inevitáveis, mas um líder assertivo os gerencia com imparcialidade e inteligência emocional. Ele promove o diálogo, facilita acordos e transforma divergências em oportunidades de aprendizado e fortalecimento da equipe.
11. Liderança inspiradora – A assertividade não se resume a dizer o que pensa, mas a impactar positivamente as pessoas. O líder assertivo inspira pelo exemplo, transmite segurança e senso de propósito, criando um ambiente onde a equipe se sente confiante para inovar e crescer.
12. Trabalho em equipe – A liderança assertiva valoriza a colaboração. O líder assertivo fomenta um ambiente de confiança, estimula a troca de ideias e garante que cada membro da equipe compreenda seu papel e contribua ativamente para o sucesso coletivo.

Ao dominar essas habilidades, o líder assertivo se torna um agente de transformação, promovendo resultados sustentáveis, relações saudáveis e um ambiente de trabalho produtivo e harmonioso.

Quebrando o ciclo da aflição emocional

Para entender o ciclo emocional aflitivo e aprender a interrompê-lo antes que ele nos leve a comportamentos inadequados, quero começar com uma reflexão poderosa dita no filme sobre Margaret Thatcher:

Atenção às suas crenças, elas produzem pensamentos.
Atenção aos seus pensamentos, eles produzem sentimentos.
Atenção aos seus sentimentos, eles produzem ações.
Atenção às suas ações, elas produzem hábitos.

Atenção aos seus hábitos, eles produzem o seu caráter.
E seu caráter constrói seu destino.

Essa sequência descreve perfeitamente o ciclo das emoções aflitivas.

O ciclo das emoções aflitivas

A raiva e o medo, emoções profundamente enraizadas em nosso instinto de sobrevivência, seguem esse mesmo padrão. Tudo começa com um evento que gera desconforto. Nosso cérebro emocional, sempre em alerta para nos proteger, aciona o sistema de alarme do estresse. Ele dispara reações químicas que preparam nosso corpo para reagir a uma possível ameaça.

Nesse momento, experimentamos sensações fisiológicas intensas: tensão muscular, coração acelerado, respiração ofegante. Esses sinais internos ativam pensamentos negativos que, por sua vez, reforçam a emoção inicial. E assim, sem perceber, entramos em um ciclo vicioso acompanhado de emoção intensa → pensamentos negativos → reações automáticas.

A boa notícia é que podemos gerenciar esse ciclo e impedir que ele cause danos emocionais, evitando escolhas inconscientes na busca por solução.

Imagine um colaborador passando por um divórcio. Além da dor emocional da separação, ele enfrenta desafios financeiros – precisa pagar pensão aos filhos – e logísticos, pois agora cuida sozinho da casa. Sua autoestima está abalada. Ele se sente rejeitado, sobrecarregado e desvalorizado. Esse turbilhão emocional não fica restrito à vida pessoal. No ambiente de trabalho, ele pode reagir de forma impulsiva ao feedback do gestor, interpretar pedidos como cobranças excessivas ou se isolar da equipe. Ou seja, suas emoções impactam diretamente sua produtividade, suas relações e, consequentemente, os resultados do time.

Se você percebeu que algo está acontecendo com um colaborador, o primeiro passo é demonstrar interesse genuíno e abrir um espaço seguro para a conversa.

1. **Crie um ambiente de confiança:** Chame-o para um local tranquilo e reservado. Diga, com naturalidade e empatia, que percebeu algo diferente nele e que gostaria de ouvi-lo. Isso já demonstra que ele não está sozinho e que você, como líder, está ali para apoiá-lo.

2. **Escute ativamente e valide suas emoções:** Dê espaço para que ele expresse o que está sentindo. Ouça com atenção, sem pressa, e se coloque no lugar dele. Se já passou por algo semelhante, compartilhe sua experiência. Essa troca pode ser um divisor de águas para ele.

3. **Ajude-o a questionar pensamentos negativos:** Muitas vezes, quando estamos fragilizados, criamos distorções cognitivas –

enxergamos a realidade de forma mais negativa do que realmente é. Pergunte: "O que prova que essa crença é verdadeira? Existe outra maneira de interpretar essa situação?" Isso o ajudará a ressignificar o problema e encontrar um caminho mais positivo.

4. **Construam estratégias juntos:** A partir dessa nova visão, ajude-o a pensar em alternativas para lidar com a situação. Pergunte: "Dado esse cenário, o que podemos fazer de forma prática para aliviar essa pressão?" Pequenos ajustes na rotina e novas perspectivas podem fazer toda a diferença.

5. **Comprometa-o com a ação e o equilíbrio emocional:** Combine passos concretos para que ele possa agir de forma mais consciente e equilibrada. O objetivo não é ignorar suas emoções, mas ajudá-lo a desenvolver autocontrole e enfrentar os desafios com mais clareza.

Ao seguir esse roteiro, você perceberá que o ambiente de trabalho se torna mais saudável e produtivo. O colaborador, ao se sentir ouvido e apoiado, ganha força para sair da situação difícil com mais maturidade emocional. E você, como líder, terá a satisfação de ver seu time mais forte, resiliente e confiante. Afinal, liderança também é sobre acolher e transformar desafios em crescimento.

Sabedoria estoica aplicada ao dia a dia da liderança

A inteligência emocional e o estoicismo compartilham princípios fundamentais sobre autocontrole, resiliência e clareza na tomada de decisões. O estoicismo, filosofia prática desenvolvida na Grécia Antiga por Zenão de Cítio e aprimorada por pensadores como Sêneca, Epiteto e Marco Aurélio, ensina a lidar com as emoções de forma racional e equilibrada – um aspecto essencial para a liderança assertiva. Vamos explorar seus principais princípios e como aplicá-los na liderança.

Princípio 1. *Dicotomia do controle*

Este primeiro princípio explica por que a liderança assertiva possui foco no essencial e não desvia sua atenção com eventos que não agregam valor ao seu propósito.

Algumas coisas estão sob nosso controle, outras não.

(Epiteto)

Os estoicos ensinam que devemos focar no que está sob nosso controle, como por exemplo nossos pensamentos, ações e atitudes e, por outro lado, aceitar com tranquilidade tudo aquilo que não podemos mudar, como por exemplo opiniões e comportamentos alheios, todos eventos externos que independem da nossa vontade e as circunstâncias da vida.

Quando transferimos esse princípio para o mundo corporativo, podemos aumentar a eficiência de um líder no momento que ele entende quais são as situações que ele não deve gastar energia e sim focar toda sua atenção em cuidar daquilo que pode controlar, que são suas atitudes, as decisões que toma e o rol de comportamentos que o levem a ter melhores resultados no relacionamento com a equipe. Isso não quer dizer que o líder deva fechar os olhos para eventos externos que impactam negativamente na vida da equipe, ao contrário, dentro do espaço de sua influência deve agir proativamente para neutralizar seus efeitos negativos.

Pense! Como você está gastando sua energia? O que quero controlar e não consigo? Avalie em quais situações você está gastando energia com algo fora do seu controle e promova as mudanças na sua mentalidade para ser mais eficiente e menos estressado, focando no essencial.

Faça o exercício do círculo da influência. Anote dentro do círculo aquilo que você pode controlar no seu papel de liderança e aquilo que você não pode controlar na sua liderança.

O círculo mostra o que os estoicos nos ensinaram. Podemos enxergar o mundo de duas formas: o que controlamos e o que não controlamos.

Controlamos apenas a nós mesmos: nossas ações, reações, pensamentos racionais, impulsos etc., porém não controlamos todo o resto: as pessoas, as opiniões e atitudes alheias, acontecimentos da vida, o passado e a realidade da vida. Podemos perceber que controlamos muito pouco em comparação com o que não controlamos. Mas o real valor está em realmente focar em controlar apenas a nós mesmos, pois quanto mais focamos no que não controlamos, menos autocontrole nós teremos.

> *Você não pode mudar o vento, mas pode ajustar as velas do barco para chegar onde quer.*
>
> (Confúcio, filósofo chinês)

Essa perspectiva nos incentiva a focar no que está ao nosso alcance e a aceitar com serenidade o que não podemos mudar, mostrando que a nossa capacidade de adaptação e resiliência diante das circunstâncias é fundamental.

Princípio 2. *Virtude como base da liderança*

Este segundo princípio explica por que a liderança assertiva usa com sabedoria a estratégia de enfrentamento de situações difíceis, coragem para expressar sempre a verdade, partindo do pensamento racional e da imparcialidade para tomar decisões.

Seja tolerante com os outros e rigoroso consigo mesmo.

(Marco Aurélio)

O que Marco Aurélio está dizendo? O que significa na prática o líder ser rigoroso consigo e tolerante com a equipe? Significa agir baseado nas quatro virtudes estoicas:

- Sabedoria: Decidir com racionalidade, sem impulsividade.
- Coragem: Enfrentar desafios e tomar decisões difíceis.
- Justiça: Tratar a equipe com imparcialidade e ética.
- Temperança: Controlar emoções e evitar reações exageradas.

Reflita: Como tem sido a qualidade das suas decisões? Você toma decisões baseado em princípios ou na impulsividade, movido por emoções que aparecem e determinam qual escolha deve fazer? De 0 a 10, que nota você se dá?

Princípio 3. *Abraçar os desafios com resiliência e otimismo*

Este terceiro princípio explica por que a liderança assertiva tem foco na solução e não no culpado da crise, age com flexibilidade e coragem para entender o contexto dos desafios e decidir como resolver a situação.

Não tente que os eventos ocorram como você deseja, mas deseje que ocorram como ocorrem, e sua vida será serena.

(Epiteto)

Aceitar o que acontece em nossas vidas como algo natural, sem resistência emocional, significa entender cada evento, bom ou ruim, como uma oportunidade de aprendizado e crescimento.

Isso significa que crises são inevitáveis e no mundo corporativo as crises são frequentes, principalmente no mundo VUCA em que vivemos hoje.

Alguns líderes reclamam, vitimizam-se e colocam a culpa nas crises, pelo baixo resultado. Já o líder estoico não reclama do inesperado, mas aceita e age sobre o que pode ser feito, simplesmente porque enxerga erros, problemas e crises como oportunidades de aprendizado e crescimento.

Veja que ter esse olhar positivo para crises é fundamental, o que é confirmado por Martin Seligman, autor de Felicidade Autêntica, criador da psicologia positiva, quando ele conceitua otimismo e pessimismo:

> *O otimista tende a considerar seus problemas passageiros, controláveis e específicos de uma situação.*
> *O pessimista tende a acreditar que os seus problemas vão durar para sempre, vão afetar tudo o que faz e que são incontroláveis.*

Reflita: Você resiste às mudanças ou as usa como estímulo para crescer? Você é otimista ou pessimista? De 0 a 10, que nota você se dá nesse princípio?

Princípio 4. *Decisões com Propósito*

Este quarto princípio explica por que a liderança assertiva é pontual nas suas ações, evitando a procrastinação. Tudo que faz tem um propósito, e seu legado faz a diferença nas pessoas.

> *Você pode deixar a vida agora. Deixe que isso determine o que você faz, diz e pensa.*
>
> (Marco Aurélio)

Na filosofia estoica, morte não é o fim, e pensar na morte nos ajuda a viver melhor o presente e agir com propósito. Por isso devemos lembrar da morte não com medo, mas como motivo para desenvolver nossas virtudes, nossa integridade e viver focado no essencial. O que este princípio tem a ver com o mundo corporativo?

Líderes estoicos sabem que o tempo é limitado e tomam decisões com impacto duradouro. Não procrastinam conversas difíceis e nem decisões importantes, pois ele sabe que a procrastinação é um incômodo emocional, tira seu sono e os resultados não acontecem. É disso que estamos falando aqui, por isso o líder eficiente busca construir um legado e criar um ambiente onde sua equipe cresça e prospere.

Reflita: Se hoje fosse seu último dia como líder, qual legado você deixaria?

Princípio 5. *Ataraxia: tranquilidade Interior para gerenciar emoções*

Este quinto princípio explica por que a liderança assertiva regula bem suas emoções e sabe como gerir as emoções da equipe através de uma comunicação empática, inclusiva e generosa.

> *Não são as coisas que nos perturbam, mas sim a opinião que temos sobre elas.*
>
> (Epiteto)

Na época da criação do estoicismo não se conhecia o termo inteligência emocional, mas este era um princípio muito valorizado para viver bem e criar bons relacionamentos.

O primeiro ponto a destacar neste princípio é que a filosofia estoica acredita que os problemas não vêm dos fatos em si, mas da forma como os interpretamos.

O segundo ponto é que temos a capacidade de influenciar as escolhas dos nossos sentimentos. Assim, controlar nossas reações emocionais e manter a clareza mental são essenciais para lidar com os desafios do cotidiano.

É exatamente isso que o líder estoico faz: pratica a regulação emocional. Diante de um evento externo, uma crítica por exemplo, o líder não pode controlar uma crítica, mas pode analisar objetivamente a situação e escolher um comportamento assertivo para reagir à crítica.

Reflita: Como está sua inteligência emocional? Você reage impulsivamente ou avalia a situação com clareza antes de agir?

Princípio 6. *Antecipar problemas e soluções*

Este sexto princípio explica porque a liderança assertiva toma decisões com firmeza e segurança, pois sua facilidade de ler contexto e visão estratégica lhe permitem antecipar possíveis obstáculos que possam impedir o bom atingimento dos resultados da equipe.

Um homem sábio se prepara para aquilo que pode acontecer

(Sêneca)

Os estoicos imaginavam possíveis dificuldades futuras e se preparavam emocionalmente para enfrentá-las com resiliência.

O líder estoico se antecipa a possíveis desafios e cria planos alternativos. Isso o torna menos vulnerável a surpresas e mais preparado para tomar decisões rápidas em momentos de crise.

Reflita: Você planeja cenários para minimizar impactos futuros?

Podemos concluir que um líder que pratica os seis princípios estoicos conquista algo que muitos desejam, mas poucos têm, que é o equilíbrio emocional.

O equilíbrio emocional que o líder precisa cultivar

Quando associamos a inteligência emocional à filosofia, a palavra-chave é EQUILÍBRIO, e de acordo com o dicionário, o equilíbrio é estabelecido quando a soma das forças que agem sobre um corpo é nula.

Segundo o filósofo Aristóteles, a maior virtude do homem é ter equilíbrio. Para ele, equilíbrio é a atitude de se posicionar "no meio, entre as posições de excesso e falta". Ao aplicar o conceito de Aristóteles na interação humana, temos: Ao excedermos, saímos do bom senso e equilíbrio e nos colocamos em uma posição de agressividade. Quando nos omitimos, pecamos pela passividade. Ser equilibrado é ser ponderado e sensato nas suas ações.

Ter equilíbrio na liderança é um dos maiores dilemas que percebo nos meus mentorados. A questão mais apresentada é: Quando e como devo ser empático e compreensivo com o colaborador que não entrega os resultados esperados, mesmo depois de vários feedbacks? Aí, peço que me relatem como foram as várias conversas de feedback que tiveram com seu liderado e me deparo com a confusão geral sobre o equilíbrio na comunicação, sobre qual é a diferença entre se posicionar no meio e no excesso.

O que percebo é que muitos líderes acreditam que julgar, apontar o erro e perguntar "por que não fez de tal forma?", seja suficiente para deixar sua expectativa bem clara ao liderado.

Quando usamos a preposição "por" junto com o pronome "que" para perguntar algo para alguém, corremos o risco de julgar e criticar. Na verdade, o interesse não é a resposta em si, mas a intenção da pergunta é mostrar que não concordamos com seu comportamento. Assim, a frase se transforma em uma crítica.

Diante da crítica, normalmente como um colaborador reage? Depende da maturidade e equilíbrio da pessoa que recebe a crítica. Se o liderado não souber regular suas emoções, pode ser dominado por estratégias defensivas e escolher posturas para se defender do sentimento de ameaça:

- Postura agressiva: O liderado pode escolher a postura agressiva, dizendo ao seu líder que a última vez que tomou uma iniciativa e foi proativo, o líder não concordou e o criticou, da mesma forma que está fazendo agora por não ter tido iniciativa e proatividade de resolver o problema. Por isso, achou melhor esperar o que o líder quer fazer, pois não quer sofrer retaliações.

- Postura passiva: O liderado pode escolher a postura passiva, e ele vai se calar, e talvez dizer "eu não tomei a iniciativa porque eu não sabia o que você, gestor, queria que eu fizesse" ou então poderia concordar com a crítica e prometer melhorar seu desempenho, sem ter coragem de perguntar e esclarecer o como fazer. E não vai melhorar, pois o medo de errar é mais forte que a coragem de correr riscos.

- Postura assertiva: O liderado pode escolher a postura assertiva, e ele vai firmemente explicar seus motivos que o levaram a executar aquela tarefa e, diante da crítica, entender qual é a expectativa do gestor e entrar em um acordo daí para frente, não assumindo a crítica do gestor como um insulto pessoal. Provavelmente, entenderá que seu gestor não sabe usar a comunicação assertiva, porém, como receptor da mensagem, o liderado sabe que pode transformar aquela conversa agressiva em uma conversa entre dois profissionais adultos e responsáveis.

Porém, para manter sua credibilidade como líder, é mais conveniente não esperar que seu liderado acerte o rumo da conversa. Antecipe e desenvolva em você, líder, a habilidade de conversar com sua equipe com equilíbrio emocional.

Estar na posição do "meio" é uma virtude. Através do ciclo virtuoso do diálogo, onde os dois lados se posicionam no equilíbrio, podemos manter nossa credibilidade e obtermos resultados eficazes em nosso processo de influenciar o time.

Ego x equipe: o dilema da liderança

Qual é o ponto do equilíbrio do líder entre foco no ego e foco no time? Nos dias atuais, os líderes enfrentam desafios constantes para equilibrar seus objetivos pessoais e as necessidades de suas equipes. É natural que um líder busque ser visto como competente, eficiente e bem avaliado por seus pares. Contudo, o egocentrismo – essa busca por reconhecimento e validação – pode facilmente desviar o foco dos resultados coletivos, levando a um conflito interno entre as ambições individuais e os interesses da empresa.

É comum que o líder sinta uma necessidade constante de proteger sua reputação, o que, por vezes, resulta em decisões baseadas em interesses pessoais. Esse foco excessivo em si mesmo pode comprometer a confiança e o desempenho da equipe.

Esse comportamento pode não só prejudicar o desempenho da equipe, mas também criar um ambiente de desconfiança, já que os membros do time podem perceber que o líder está mais preocupado consigo mesmo do que com o sucesso coletivo.

O importante é virar a chave e mudar sua crença para entender que não há conflito entre sucesso pessoal e coletivo: quando a equipe brilha, o líder também brilha. O líder precisa entender isso, que o sucesso de sua equipe também reflete em seu próprio sucesso, e, ao desenvolver um ambiente colaborativo e de apoio, ele naturalmente será visto como competente e bem-sucedido.

É fundamental que os líderes entendam que, ao colocar as necessidades da equipe em primeiro plano, eles não estão negligenciando suas próprias ambições. Pelo contrário, estão criando as bases para que tanto a equipe quanto eles mesmos alcancem o sucesso.

O primeiro passo para equilibrar as necessidades pessoais e as da equipe é desenvolver autoconsciência. Líderes precisam ser capazes de identificar quando seu ego está direcionando suas decisões de maneira que possa prejudicar a equipe. Esse reconhecimento é fundamental para ajustar o comportamento e alinhar as prioridades.

A inteligência emocional desempenha um papel crucial nesse processo. Ela permite que o líder gerencie suas emoções e suas reações, não permitindo que o desejo de ser reconhecido interfira na tomada de decisões. Um líder emocionalmente inteligente sabe equilibrar sua necessidade de validação com a responsabilidade de ser um facilitador do sucesso de seu time.

Outro passo importante é se abrir ao feedback constante, tanto de seus superiores quanto de seus colaboradores. O feedback fornece informações valiosas sobre como o líder está sendo percebido e onde há oportunidades de melhoria. Isso ajuda a ajustar o foco e reforçar o compromisso com os resultados do time.

Além disso, a reflexão contínua é essencial para que o líder reavalie suas ações, identificando momentos em que o egocentrismo possa ter prevalecido. Ao refletir sobre seu comportamento, ele pode fazer ajustes proativos, garantindo que suas ações estejam sempre alinhadas aos interesses coletivos.

Por outro lado, um aspecto muitas vezes subestimado no processo de equilibrar ego e equipe é a vulnerabilidade. Muitos líderes sentem que precisam projetar uma imagem de perfeição e competência inabalável. No entanto, admitir suas próprias limitações e áreas de desenvolvimento pode, paradoxalmente, fortalecer a relação com a equipe.

Quando um líder se mostra vulnerável, ele humaniza sua imagem, permitindo que os membros da equipe se sintam à vontade para também serem transparentes sobre seus desafios. Isso cria uma cultura de confiança e colaboração, onde todos estão dispostos a aprender e crescer juntos.

O líder precisa, sim, cuidar de sua reputação, de seu autoconceito e de suas ambições profissionais. No entanto, isso deve ser feito de maneira alinhada ao desenvolvimento da equipe. Quando o foco é no crescimento coletivo, o sucesso pessoal é uma consequência natural.

Como vimos, equilibrar as necessidades do ego com os resultados da equipe exige autoconsciência, feedback, reflexão constante e a disposição de ser vulnerável. Com esses elementos, o líder consegue direcionar seu ego de maneira produtiva, alcançando tanto o sucesso pessoal quanto o da equipe.

Pare e reflita: Você tem equilibrado bem seu ego e as necessidades da equipe?

Sabemos que emoções fora do controle não bem gerenciadas afetam diretamente a qualidade e quantidade dos resultados no trabalho. Por isso, gerenciar as emoções da equipe é uma das competências mais demandadas no momento atual, onde nunca se viu um nível tão elevado de ansiedade, o que parece ter contaminado a maioria das pessoas, angustiadas que estão para corresponder às altas expectativas do mundo corporativo, em um processo contínuo de mudanças.

E sabemos que nosso cérebro não foi equipado para correr riscos e sim preparado para resistir. Por outro lado, nosso cérebro, quando bem direcionado pela razão, tem um poder incrível de adaptabilidade às novas situações, que é a chamada neuroplasticidade, que nos possibilita mudar e nos adaptar à nova situação.

Protagonismo: ter sua vida nas próprias mãos

Um líder saudável sente raiva, tristeza, insegurança, frustração, alegria – sentimentos que causam desconforto e a sensação de vulnerabilidade. Aceitar que somos seres emocionais vulneráveis tira o peso terrível do super-herói na liderança.

A primeira providência para encontrar o equilíbrio estoicista é libertar-se das defesas emocionais e empoderar-se!

- Sinta-se dono de sua vida, busque sua essência.
- Pare de agir baseado em escolha inconsciente, movido exclusivamente pelas emoções!
- Faça uma escolha consciente e assertiva! Use seu pensamento consciente e aumente seu repertório de respostas para fazer boas escolhas.
- Dê a você o direito de escolher como quer se sentir, pensar e agir, para se sentir de bem com a vida e principalmente ter sua vida na palma da sua mão.

Mas, como? Utilizando seu cérebro a seu favor, ou seja, diminuindo a ativação da amígdala cerebral e fortalecendo o seu córtex pré-frontal.

O córtex pré-frontal tem um papel fundamental na gestão emocional, pois regula a energia límbica, podendo assim criar comportamentos adaptativos e adequados ao ambiente e situação, na tomada da consciência das emoções. Isso quer dizer que as emoções ficam fora do controle na ausência da ativação e uso do pré-frontal.

O córtex pré-frontal é o responsável pelo processamento inteligente das emoções, o que podemos chamar de escolha consciente. É a razão gerenciando a emoção. Isso é inteligência emocional.

Vamos mostrar agora, através de um exemplo, como fazer uma escolha consciente e usar o córtex pré-frontal na regulação emocional e na gestão do relacionamento com o colaborador.

Emoções bem expressas criam conexões reais

Situação: Você, líder, acaba de constatar um erro no relatório do colaborador.

Se você quer realmente se apropriar do seu emocional e utilizar a razão – córtex pré-frontal – para equilibrar a emoção, você precisa passar por dois momentos:

1º momento: Praticar a autoconsciência e autogestão para entender a situação, o que você está pensando e sentindo

Sua conclusão pode ser: Estou irritado porque o colaborador cometeu erro no relatório, o que me deixou na maior saia justa com meu cliente.

1º Passo – Tome consciência da emoção que está sentindo

Pare, observe e se pergunte: O que estou sentindo agora?

Resposta: Sinto contrariedade e raiva do colaborador porque não atendeu às minhas expectativas.

2º Passo – Entenda os gatilhos da emoção

Pergunte-se: O que me levou de verdade a sentir essa raiva do colaborador?

Resposta: Estou contrariado pois parece que não fui competente suficiente para orientar o colaborador ou estou falhando na minha liderança ou ele não está me levando a sério como líder. Enfim, podem existir vários gatilhos, mas com certeza está mexendo com meu ego. Tomar consciência provoca dor emocional e não gosto de sentir isso.

3º Passo – Planeje respostas adequadas ao ambiente e a situação

Pergunte-se: Quais alternativas eu tenho para resolver isso? Que objetivo eu quero atingir nessa situação? Quero resolver mesmo o problema? Quero que o colaborador não erre mais?

Dependendo da forma como você regula suas emoções, sua resposta poderá ser uma das quatro alternativas:

- Alternativa 1 (Agressiva): Chamar o colaborador e chamá-lo de incompetente.
- Alternativa 2 (Passiva): Ficar quieto e acertar o relatório para não criar ambiente ruim.
- Alternativa 3 (Passiva-agressiva): Ironizar o erro do colaborador e perguntar a ele: Quer que desenhe para você entender minhas orientações?
- Alternativa 4 (Assertiva): Mostrar ao colaborador o erro cometido e os impactos. Pedir para o colaborador explicar suas razões, avaliar se ele sabe fazer a tarefa e garantir seu compromisso para que o erro não aconteça mais.

2º momento: Depois de tomar consciência e frear sua emoção de raiva, você escolhe ter uma comunicação assertiva e convida o responsável pelo erro para essa conversa

Somente depois desse exercício consigo, você chama o colaborador para uma conversa assertiva para expressar seus desconfortos e também ensinar sua equipe a se expressar com segurança. Aja de forma pensada, enfrentando a situação com tranquilidade e expressando a emoção de forma assertiva, sem atacar o outro, mas assumindo responsabilidade pelos seus pensamentos e sentimentos. Essa é a alternativa mais sensata e madura, com foco na solução do problema: empoderar o colaborador das suas responsabilidades e obter o seu compromisso de melhor desempenho.

Como conduzir a conversa com o colaborador:

1. Comece com a palavra EU e expresse o sentimento negativo.
Exemplo: "Hoje, me senti contrariado quando..."

2. Fale o comportamento do outro que lhe causou o desconforto.
Exemplo: "...quando você me entregou o relatório com cinco erros, o que me pegou de surpresa."

3. Expresse as consequências/impactos.
Exemplo: "Você sabe que essas informações do relatório embasarão a discussão da diretoria, e se eu não tivesse conferido, o impacto negativo seria imenso, tanto para mim como para você."

4. Ouça a percepção do colaborador.
Exemplo: "Como você vê isso? O que você deixou de fazer que aconteceu o erro? Quero entender como você vê a importância do seu trabalho e o que aconteceu?"

5. Foque na solução e não no culpado. Envolva o colaborador na solução.
Exemplo: "O que você pretende fazer daqui para frente para que esse erro não aconteça mais?"

6. Coloque-se à disposição para orientação, caso necessário, e agradeça o compromisso do colaborador.
Exemplo: "Se tiver dúvidas e precisar da minha ajuda, me procure."

Existem outras recomendações de roteiros que ajudam a gerenciar as emoções através de uma boa conversa assertiva.

Como lidar com o desconforto do outro

1. Comece reconhecendo o desconforto do outro, estimulando-o a falar sobre o que está incomodando, dizendo: "Reconheço que isso te afetou."

2. Tenha empatia – coloque-se no lugar do outro para entender o que ele está sentindo, dizendo: "Eu entendo o que você sente."

3. Pergunte como você está contribuindo para causar esse desconforto, dizendo: "O que exatamente eu faço que lhe causa esse desconforto?"

4. Se não lhe causar prejuízos, comprometa-se em mudar seu comportamento para não estimular mais a raiva no outro. Porém, se o outro pedir uma mudança imprópria, seja objetivo e diga o que você pode fazer e o que não pode fazer. Mostre suas razões.

5. Busque uma alternativa de relacionamento que seja uma solução ganha-ganha.

6. Comprometa-se com a mudança.

Como reequilibrar um relacionamento

1. Inicie colocando o objetivo da conversa e o resultado esperado.

2. Reconheça seu comportamento inadequado e peça desculpas, sem ficar se justificando demais.

3. Diga o que você sentiu naquele momento com o comportamento do outro.

4. Ouça o que o outro tem a dizer.

5. Fale suas expectativas daqui para frente e busque a concordância do outro.

6. Agradeça a colaboração.

Defendendo valores com serenidade

Você já sentiu um valor seu ser desrespeitado? Essa é uma situação que pode tirar qualquer um do equilíbrio emocional. Quem já não surtou de raiva porque se sentiu invadido em algum dos seus valores pessoais, como honestidade, respeito, justiça, equidade, transparência, verdade etc.?

Você já foi sequestrado pela raiva quando seu valor honestidade foi colocado em dúvida? Como por exemplo:

— "Desculpe, mas não vou compartilhar com você meu material da minha palestra. Só compartilharei depois que realizar a palestra."

— "Baseado em que você se baseia para afirmar isso?"

Você já ficou envergonhado quando seu cartão de crédito não foi aprovado ou na operação da maquininha apareceu a palavra "bloqueado" ou "Não autorizado"? Sua honestidade foi colocada em xeque.

Você já se tornou agressivo diante de alguém cuja postura soou para você como desrespeitosa? Como por exemplo:

- Uma crítica ao seu jeito de se comunicar ou a uma ideia expressa?

- Uma interrupção brusca da sua fala em uma reunião da empresa?

Você já se sentiu injustiçado porque foi preterido em uma promoção na sua empresa? Como você reagiu? Raiva, frustração?

E aquelas afirmações:

— "Você está escondendo informação."

— "Você precisa ser mais transparente."

Duvidando de você, da sua transparência e da verdade.

Esses tipos de situações, muitas vezes, nos colocam em posição defensiva, já que nos sentimos invadidos e ameaçados naquilo que mais nos é caro: NOSSOS VALORES, que aprendemos desde nossa infância e crescemos com esses guias nos orientando sobre como devemos nos comportar na sociedade e nas relações profissionais.

Afinal, VALOR é tudo aquilo que valorizamos porque tem relevância em nossas vidas.

E quando um valor é violentado, podemos perder o controle emocional e a calma, ativando nosso sistema límbico para providenciar a alta produção dos hormônios do estresse, cortisol e adrenalina, de forma que nossa mente possa criar mecanismos de sobrevivência diante da ameaça iminente.

O pior é que, na maioria das vezes, saímos da situação nos sentindo desconfortáveis por conta de uma exposição emocional fora do nosso controle. É a nossa reputação que está em jogo, e claro, isso pode impactar em nossa autoimagem, em nosso autoconceito e em nossa autoestima. E quando isso acontece, nos tornamos vulneráveis ao discurso do outro.

Outro dia, li uma frase de uma colega coach chamada Ana de Oliveira que dizia: "Quando nossos valores são ameaçados, ficamos mais emocionais e menos estratégicos no comportamento. Um ambiente perfeito para conflitos que poderiam ser evitados."

Por coincidência, no mesmo dia, eu tinha orientado uma coachee, em uma sessão de coaching, sobre como lidar com um conflito engatilhado pelos sentimentos de exclusão, humilhação e rejeição. Elogiei a Ana pela frase contundente e verdadeira. Ela me perguntou: "Como defender um valor sendo emocionalmente educado?" Compartilho aqui com vocês a minha resposta.

Os três passos para lidar com seu valor, emocionalmente educado

1. Em primeiro lugar, alimente positivamente seu autoconceito, para não ser fisgado pelas provocações emocionais do outro.

2. Em segundo lugar, substitua sua raiva por uma boa escuta ativa. Como? Deslocando sua raiva sobre o que você acha que o outro está pensando de você para uma posição atenta e acolhedora. Com uma postura empática, foque nas necessidades e sentimentos do outro para entender que necessidade não está sendo atendida.

3. Em terceiro lugar, tenha claro o que é seu e o que é do outro, assumindo uma postura assertiva ao se posicionar com firmeza e generosidade.

Os três passos são o segredo para gerenciar seus valores com um pensamento sábio e assertivo.

Seja o guardião dos seus valores, com equilíbrio emocional e assertividade. Líderes que não têm inteligência emocional normalmente dão o seu pior para sua equipe.

Por isso, cuide bem de suas emoções para que possa dar o seu melhor para sua equipe! Seja um líder estoico e assim você se sentirá bem resolvido com suas virtudes guiando a sua liderança.

Coloque em prática imediatamente esses roteiros simples, porém impactantes, pois são pequenas técnicas que derrubam as barreiras e aumentam as conexões entre líder e liderados.

Lembre-se de que, muitas vezes, o colaborador só precisa ser ouvido, nada mais. E nessas horas, aumente seu poder de empatia e ouça com interesse genuíno.

1. Avalie como está a sua performance nas doze habilidades socioemocionais. Pense nas situações que exigiram essas habilidades e como você agiu. Coloque um X na coluna correspondente à sua percepção.

Habilidades	Domino muito bem	Domino bem	Domino pouco
1. Autoconsciência Emocional			
2. Controle Emocional			
3. Orientação para Realização			
4. Otimismo			
5. Adaptabilidade			
6. Empatia			
7. Consciência Organizacional			
8. Influência			
9. Treinamento e Mentoria			
10.Gestão de Conflitos			
11.Liderança Inspiradora			
12.Trabalho em Equipe			

2. Pratique o roteiro para expressar sentimentos desconfortáveis:

a) Comece com a palavra EU e expresse o sentimento negativo.
b) Fale o comportamento do outro que lhe causou o desconforto.
c) Expresse as consequências/impactos.
d) Ouça a percepção do colaborador.
e) Foque na solução e não no culpado. Envolva o colaborador na solução.
f) Coloque-se à disposição para orientação, caso necessário, e agradeça o compromisso do colaborador.

3. Escreva seus principais aprendizados neste capítulo.

11. CONVERSAS DIFÍCEIS: RESULTADOS PODEROSOS

Por que muitos líderes encontram problemas ao enfrentar uma conversa difícil?

Necessidade de sobreviver

Imagina que você está prestes a ter uma conversa difícil com um colega de trabalho, seu gestor ou até alguém da sua equipe. Antes mesmo de abrir a boca, seu cérebro já está em alerta: "Isso pode dar ruim".

Como isso impacta a conversa? Dependendo do seu padrão automático, você pode reagir de três formas:

- Ataque – Você se sente pressionado e reage no impulso, falando de forma agressiva, sem filtrar as palavras, gerando um conflito.

- Fuga – Você evita o assunto, enrola ou muda de tema, deixando a conversa mal resolvida.

- Congelamento – Você trava, não consegue expressar o que queria e sai da conversa frustrado.

Quando estamos prestes a enfrentar uma conversa difícil, o cérebro detecta um possível risco social, ativando mecanismos de defesa. Isso ocorre principalmente em três áreas: amígdala (detecta ameaça e dá uma resposta emocional), hipotálamo (regula a liberação de hormônios do estresse) e córtex pré-frontal (controla a tomada de decisão, empatia e autocontrole).

Essas estruturas provocam reações fisiológicas, como o aumento da frequência cardíaca, tensão muscular, respiração mais rápida e diminuição do fluxo sanguíneo no córtex pré-frontal, comprometendo o raciocínio lógico.

O problema? Isso pode fazer com que o córtex pré-frontal – responsável pela tomada de decisão e pelo autocontrole – fique sobrecarregado e pare de funcionar direito, dificultando as funções cognitivas, como a escuta ativa e o pensamento estratégico, tão necessários para conduzir uma conversa difícil com equilíbrio emocional.

Nosso pensamento emocional é mais rápido que a reação do pensamento racional. E se percebermos a conversa como um ataque ao nosso ego, o cérebro ativa o modo de sobrevivência antes mesmo de processarmos racionalmente a situação, para preservar a integridade do ego.

O que é ego? O ego é tudo aquilo que nos diz sobre nossa identidade, nossos valores e crenças que formam o nosso repertório interno, funcionando como um guia orientador de nossos pensamentos e ações.

Quando nosso cérebro recebe inputs que contrariam o nosso repertório interno, a informação pode ser entendida como uma ameaça ao nosso ego, e todo nosso corpo e mente se preparam para defender nosso senso de valor.

Por isso, quando uma pessoa nos diz algo desagradável — um feedback negativo, um olhar de indiferença, um assédio qualquer —, a amígdala reage rapidamente, e o hipotálamo entra em cena e comanda o sistema endócrino para secretar os hormônios do estresse (cortisol, noradrenalina, adrenalina), posicionando nosso corpo e mente para uma ação de defesa.

Ser humano é ser relacional

Mas por que o cérebro entende essas situações como ameaçadoras?

Simplesmente porque somos seres sociais e somos programados para termos necessidade de pertencimento, reconhecimento e aceitação. Quando um dos lados entra tenso na conversa, com medo de ser excluído, humilhado ou rejeitado, a conversa pode ir para uma direção complicada, e o que poderia ser uma conversa normal pode se transformar em uma conversa difícil.

Às vezes, um feedback mal colocado pode engatilhar um sentimento de rejeição e o medo da exclusão social, ativando os circuitos neurais da dor emocional, que, por sinal, procuramos evitar senti-la, muitas vezes, a qualquer custo.

O fato de o ser humano ser social e emocional explica por que existe essa tendência de as pessoas entenderem uma discussão do problema como ofensa pessoal.

A contaminação do ego pelo problema em si acontece porque o cérebro não separa bem o que é uma crítica específica e o que é um ataque à nossa identidade como um todo.

Daí a importância de usarmos uma comunicação respeitosa e focada na solução do problema e não na busca de culpados.

E por que existem pessoas mais defensivas do que outras? É provável que algumas pessoas tenham reações defensivas mais fortes por nutrirem mal seu repertório interno. Suas crenças e experiências criaram padrões mentais e emocionais baseados no medo e na insegurança, levando-as a acreditar que as relações sociais são ameaçadoras.

Esta sensação constante de ameaça é desconfortável e toca diretamente em nossa vulnerabilidade emocional, colocando em risco nossa autoimagem, nossa credibilidade e despertando o medo de rejeição pelo outro, coisas que o cérebro tenta evitar a todo custo.

Para se defender dessa sensação de vulnerabilidade, o nosso ego se coloca em posição de defesa em uma conversa difícil, buscando preservar seu senso de valor.

Nessas horas de dúvida, pergunte-se: "Isso é realmente um ataque à minha identidade ou apenas uma crítica a um comportamento?" Essa reflexão é salutar e ajuda você a substituir o pensamento negativo por um pensamento racional e mais positivo.

Reestruturar suas crenças, entendendo que críticas podem ser oportunidades de crescimento, praticar essa consciência emocional e separar o problema do seu ego ajudam muito a fortalecer a musculatura do seu pensamento transformador.

Aceite que seu cérebro tem boas intenções e quer apenas proteger seu ego. Mas fique atento, pois ele pode limitar suas escolhas comportamentais. Você precisa estar no controle da situação e não permitir que escolhas inconscientes governem sua vida e suas relações, do tipo "Eu nasci assim, eu cresci assim, me aceitem como sou, e pronto".

Você quer ver como seu cérebro pode limitar seu repertório de linguagem e levá-lo para uma comunicação conflitante? Veja: quando não estamos bem resolvidos em nossas necessidades sociais, podemos ser facilmente fisgados pelos nossos gatilhos emocionais e sermos grandes criadores de conflitos desnecessários, tornando uma conversa normal em conversa difícil. E, como criador de conflito, nossa comunicação não é inclusiva, acolhedora, positiva e solucionadora. Nossas estratégias defensivas se incumbem de colocar em nossa mente a linguagem do conflito.

Nove posturas que inflamam os conflitos

Chamamos de linguagem de conflito os excessos e faltas no uso dos comportamentos da dança assertiva. Lembra? Afirmação, argumentação, empatia, envolvimento e recuo estratégico. Todo o equilíbrio no uso da comunicação com propósito vai ladeira abaixo. Por isso, vou compartilhar com você algumas posturas comunicacionais que compõem uma LINGUAGEM DO CONFLITO e atrapalham um relacionamento pessoal e profissional. São indicadores nos quais presto muita atenção quando me vejo em situações de conflito, pois, em estado de estresse, nossa tendência é cair na armadilha da linguagem do conflito. Esse conhecimento tem me ajudado bastante na minha habilidade de autoconsciência emocional, e espero que ajude você também.

1ª postura. Se exagerarmos no comportamento afirmação, podemos cair na armadilha da imposição de ideias

Exemplos: "As coisas devem ser feitas como eu penso, caso contrário, saem mal feitas." "Faça como eu quero que você se sairá bem." "Eu perco a paciência quando alguém insiste em discordar das minhas ordens."

2ª postura: Se exagerarmos no comportamento afirmação, podemos cair na armadilha da depreciação do interlocutor

Exemplos: "Não suporto incompetência alheia." "Fico extremamente irritado e denuncio imediatamente seu erro, mesmo que ele fique envergonhado. Só assim ele aprenderá."

3ª postura: Se usarmos em excesso os comportamentos afirmação e argumentação, podemos cair na armadilha da inflexibilidade

Exemplos: "Quando entro numa briga, não saio mais. O outro, se quiser, que desista." "Fico irritado quando sou contrariado, imediatamente reajo no contra-ataque." "Nunca entro para perder e defendo com extremo vigor minhas ideias."

4ª postura: Se exagerarmos em nosso poder de argumentação, podemos cair na rigidez mental

Exemplos: "Antes de falar com alguém, planejo tudo o que vou dizer, o que quero e o que eu preciso. Como tenho certeza da minha opinião, defendo minhas ideias com unhas e dentes." "Não desisto enquanto o outro não concordar comigo."

5ª postura: Quando exageramos na falta de empatia, podemos cair na armadilha da autorreferência

É a linguagem que demonstra falta de interesse pelo outro e que não percebe seus sentimentos. Tem dificuldade de ouvir o outro.

Exemplos: "Minha verdade é tão óbvia, não entendo por que não percebem. Penso que cada um resolve seus problemas." "Logo que o outro começa a falar, já sei o que vão dizer. Por isso interrompo logo para não perder tempo, ou então, se discordo, contra-argumento para acabar com a conversa rapidamente."

6ª postura: Quando faltamos no uso de envolvimento, podemos cair na armadilha do excesso de frieza e distanciamento

Exemplos: "Eu não gosto de pedir ajuda a ninguém, porque depois fico devendo favor eternamente." "Dizem que sou fechado." "Não abro a guarda, senão as pessoas aproveitam da minha boa vontade." "Prefiro manter a distância." "Não gosto de elogiar as pessoas, pois podem pensar que sou um sedutor."

7ª postura: Se usarmos em demasia o comportamento envolvimento, podemos cair na armadilha da manipulação do interlocutor

Exemplos: "Normalmente eu fico de olho nas fraquezas do meu interlocutor, transformando-as em argumentos para convencê-lo a comprar minha ideia." "Eu falo sempre o que o outro quer ouvir. Por isso uso as próprias palavras dele como argumento."

8ª postura: Quando distorcemos o significado do comportamento afirmação, confundimos o significado das palavras ser objetivo e agressividade como sendo sinônimos e usamos a crítica como feedback

Exemplos: "Quando vejo um defeito no outro, sou pontual no feedback. Aponto sua falha imediatamente, pois assim o ajudarei a não cometer erros." "As pessoas que precisam de elogio são fracas. Penso que cumprir com sua responsabilidade é sua obrigação."

9ª postura: Quando confundimos o conceito de empatia com ser permissivo, caímos na armadilha da evitação do conflito

Exemplos: "Se é bom para você, tudo bem para mim." "Eu prefiro concordar para evitar conflito." "Eu entendo seu problema, pode deixar que eu faço o relatório." "Eu gosto de agradar as pessoas e, por isso, a colaboração é minha principal qualidade."

O que fazer para neutralizar a linguagem do conflito

Entender qual é o gatilho que o leva a usar a linguagem do conflito é fundamental para efetivamente mudar sua comunicação. Onde está a origem do seu gatilho? Medo de exclusão, humilhação ou rejeição? É preciso prestar atenção e se perguntar:

- Quando, com quem e como eu uso a linguagem do conflito?
- Qual meu propósito quando reajo com a linguagem conflitante?
- Qual pensamento vem à minha mente?
- O que sinto quando esse pensamento vem à minha mente?
- Quais os impactos que causaram a minha linguagem?
- Quero mudar? O que devo fazer?

Se você se sente inseguro para lidar com pessoas, acredite, isso é totalmente normal. O que não é normal é você continuar sofrendo e perdido no meio de conflitos mal resolvidos e gastando suas energias emocionais e mentais para descobrir estratégias de sobrevivência. Aprenda a ser assertivo na sua comunicação.

Comunicação é um assunto tão relevante para a sobrevivência humana que nunca vai ter fim. O cenário muda, os usos e costumes mudam, e a comunicação continua sendo um grande desafio à manutenção da raça humana. E mesmo com toda a evolução da tecnologia, os problemas de ruídos na comunicação continuam a perturbar o entendimento entre as pessoas.

Qual é o fator crítico? É a beleza do ser humano que pensa, sente, tão diferente do robô. O ser humano possui um emocional formatado pelas suas experiências de sucesso e fracasso, de experiências dolorosas e saudáveis vivenciadas durante toda a sua vida, ditando regras e padrões mentais que permearão sua percepção e a forma como fará suas escolhas e tomará decisões. E tudo isso será percebido na ponta do iceberg humano através da comunicação.

E, como ponta do iceberg, conclui-se que a forma como uma pessoa diz e o que diz demonstram claramente o que está acontecendo dentro dela, como estão suas emoções, seus sentimentos e a qualidade dos seus pensamentos.

Eu sempre digo: se você quer conhecer e saber o que se passa no íntimo de alguém, preste muita atenção na sua linguagem verbal e não verbal. Atente para o seu jeito de se comunicar. É um jeito agressivo, passivo ou dissimulado? Suas palavras são positivas ou negativas? As frases são diretas e objetivas ou são confusas e sem sentido? Sua comunicação é focada na solução ou nos custos do problema?

Se você deseja acalmar o outro e neutralizar esses ruídos emocionais na comunicação, experimente fazer o seguinte:

- Com a pessoa prepotente, seja humilde sem se permitir ser humilhado.

- Com a pessoa manipuladora, seja verdadeiro e não entre no jogo do outro.

- Com a pessoa passiva, seja um bom ouvinte e incentive-a a se posicionar.

- Com a pessoa dona da verdade e cheia de razão, escute-a primeiro, valide suas ideias, sem deixar de se posicionar, oferecendo suas opiniões como forma de contribuir para a solução do problema.

Se, contudo, isso não funcionar, saia do impasse e dê um tempo para os dois lados refletirem sobre a melhor solução. Isso se chama recuo estratégico, uma forma de levar seu interlocutor para a linguagem da cooperação na solução do problema.

A linguagem da cooperação ajuda na quebra da inflexibilidade e rigidez das barreiras comunicacionais. Trocar a linguagem do conflito pela da cooperação pode ajudar pessoas defensivas a baixar a guarda, expressar-se com mais clareza, firmeza e autoconfiança, além de aprimorar sua capacidade de resolver problemas. Seja assertivo! Aumente sua autoconfiança e autoestima e crie relações duradouras e produtivas.

A chave está na comunicação assertiva

Ao desenvolvermos maturidade emocional, podemos aprender a reagir de forma mais equilibrada, deixando o ego de lado e focando no problema real. Essa é a base da comunicação assertiva e do autodomínio emocional. É também a base para conduzir conversas difíceis e torná-las produtivas. Vamos abrir as portas para um bom diálogo com a chave da assertividade.

Na comunicação assertiva, o objetivo é expressar pensamentos e sentimentos sem agressividade ou passividade. A fórmula da assertividade para expressar-se numa conversa difícil é:

Fatos + Sentimentos + Impacto + Pedido

Veja como dizer a fórmula:

— *Notei que nas últimas reuniões suas entregas atrasaram (fato). Isso me preocupa porque impacta o prazo do time (sentimento + impacto). Podemos alinhar uma solução para evitar isso no futuro?* (pedido).

Outro exemplo:

— *Oi Maria, precisamos ter uma conversa que não é muito fácil para mim. O seu comportamento X no momento Y me fez sentir tal coisa. Por favor, me diga o que te levou a agir assim, quero te ouvir. Gostaria de combinar com você um novo caminho para resolver a situação, para que não aconteça mais.*

Procure entrar numa conversa difícil com a intenção de buscar a colaboração do outro e não de retaliação. Assim, o jogo será "ganhar junto com o outro".

Comece um diálogo sem acusação, sem querer mudar o outro e abandone imediatamente estas três intenções:

1. Convencer o outro – É um gatilho para criar resistência automática, pois a mensagem pode ser entendida como ele estando errado e você certo.
2. Buscar consenso – É uma forma de ignorar diferenças legítimas de pensamento, impedindo o outro de expressar livremente seu ponto de vista.
3. Buscar concordância – É uma expectativa que pode gerar frustração, impedindo a construção de uma troca de ideias enriquecedora, sem necessariamente ser obrigatório chegar a um acordo imediato.

Ao abandonar essas intenções, você cria um espaço mais aberto para escuta ativa, empatia e compreensão mútua, o que fortalece as relações e melhora a qualidade da comunicação.

Habilidades do líder na conversa difícil

Conversas difíceis podem ser desafiadoras, mas com as habilidades certas, é possível navegar por elas de forma eficaz. Vamos a elas:

Habilidade 1 – Autoconsciência

Entender e reconhecer seus próprios sentimentos e emoções antes de entrar na conversa vai lhe ajudar a clarear sua verdadeira intenção. Se não for uma intenção ganhar junto com o outro, você terá lucidez para rever a rota e alinhar sua intenção com você mesmo.

Exemplo: "Eu estou me sentindo ansioso antes dessa conversa. Vou respirar fundo e me concentrar em ouvir atentamente."

Habilidade 2 – Autocontrole emocional

Contar até dez, respirar lenta e profundamente certamente vai ajudar a manter a calma, mesmo diante de provocações ou desafios.

Exemplo: "Eu estou me sentindo irritado com o que a outra pessoa está dizendo, mas vou esperar um momento antes de responder."

Habilidade 3 – Comunicação assertiva

Ser verdadeiro e honesto ao mostrar sua boa intenção de fazer um jogo **ganhando junto com o outro** ajudam a expressar seus pensamentos e sentimentos de forma clara e respeitosa.

Exemplo: "Eu me sinto desconfortável com essa situação. Pode explicar melhor o que está acontecendo? Vamos juntos mudar o rumo e encontrar uma solução confortável para os dois lados?"

Habilidade 4 – Curiosidade genuína com escuta ativa

A curiosidade ajuda a conhecer os interesses e as necessidades do outro, o que facilita uma conversa ganha-ganha. Por isso, faça perguntas abertas para entender melhor a perspectiva da outra pessoa.

Exemplo: "Pode me explicar melhor o que você está pensando? O que você pensa sobre a situação? Eu quero entender melhor sua perspectiva. Você pode me explicar seu ponto de vista e assim vou compreender melhor a dimensão do problema?"

Habilidade 5 – Escuta empática

Mostrar atenção total à outra pessoa, sem interromper ou julgar, repetir o que você entendeu para garantir que está correto são formas de dizer: "Estou te ouvindo com interesse."

Exemplo: "Entendi que você está dizendo que... É isso mesmo?"

Exemplo: "Eu posso imaginar como você se sente. Isso deve ser muito difícil para você."

A prática contínua dessas habilidades ajuda a transformar conversas difíceis em oportunidades para o crescimento e a compreensão mútua. Lembre-se: a determinação e persistência na repetição de uma nova habilidade tornam-se um hábito. A prática leva à perfeição!

Melhor ainda, o uso dessas habilidades na conversa difícil vai neutralizar os efeitos daqueles inimigos internos que vivem rondando nossos pensamentos. Lembra deles? Crenças limitantes, vieses cognitivos, preconceitos e aqueles sabotadores que distorcem nossa percepção da realidade.

E você já sabe: quando esses inimigos insistirem em atuar como se fossem nossos amigos, temos que adotar a lente da potência e fazer um exercício de autoconsciência e autorregulação emocional. Faça o seguinte:

- Se perceber que está sendo fisgado pelos seus inimigos internos, deixe que sua voz interna lhe diga a verdade, sem distorções. Seja assertivo com você mesmo.
- Reconheça e questione suas crenças, perguntando-se: "Essa crença realmente faz sentido ou é apenas um medo irracional?"
- Reconheça os vieses e busque evidências para evitar conflitos: Conversas difíceis se tornam ainda mais desafiadoras quando estamos presos a vieses inconscientes. Quando treinamos a percepção para identificá-los, conseguimos manter um diálogo mais racional e produtivo, reduzindo mal-entendidos e conflitos desnecessários. Busque evidências: "Se sua mente diz que 'essa pessoa está contra mim', pergunte-se: Tenho provas reais disso?"
- Identifique seu sabotador dominante – Ao perceber padrões de pensamento destrutivos, você ganha mais controle sobre suas reações.

Roteiro para conduzir uma conversa difícil: comunicação assertiva na prática

Passo 1. *Prepare-se mentalmente*

- Reflita sobre o que realmente quer comunicar, qual é seu objetivo.
- Antecipe possíveis reações e pense em como lidar com elas.

- Escolha o momento e local adequado e evite momentos de alta tensão.

Passo 2. *Inicie a conversa com conexão*

- Crie um ambiente seguro e acolhedor.
- Use um tom neutro e linguagem corporal aberta.
- Use mensagens "eu" em vez de acusações (*Eu percebo que...* em vez de *Você sempre...*).
- Demonstre interesse genuíno pela outra parte.
- Utilize perguntas abertas para engajar o outro: "Como você tem visto essa situação?"

Passo 3. *Exponha o problema com objetividade*

- Apresente os fatos de forma objetiva e imparcial.
- Use dados concretos em vez de julgamentos e generalizações.
- Conecte-se ao impacto da situação, trazendo clareza sobre as consequências.
- Troque "você nunca entrega no prazo" por "nos últimos três meses, tivemos seis atrasos na entrega".

Passo 4. *Expresse seus sentimentos e impactos*

- Diga como você se sente em relação ao fato.
- Explique como o problema está impactando em você e nos resultados da equipe e da empresa.

Passo 5. *Escute ativamente e valide o outro*

- Demonstre que compreende a perspectiva da outra pessoa: "Entendo que você esteja sobrecarregado."
- Não interrompa a fala do outro.
- Parafraseie e valide o que foi dito.
- Faça perguntas abertas para compreender o ponto de vista do outro.

Passo 6. *Construa uma solução em conjunto*

- Envolva a outra parte na busca por soluções.
- Pergunte: "O que podemos fazer para melhorar essa situação?"
- Explore alternativas e acordos viáveis.
- Finalize com clareza sobre os próximos passos.

Roteiro para conduzir uma conversa difícil: CNV na prática

(Rosenberg, Marshall B. Comunicação Não Violenta)

Passo 1

Escreva abaixo qual foi o acontecimento que gerou este conflito que está mobilizando você agora. Preste atenção na diferença entre observação e avaliação, ao escrever o FATO.

Observação: A capacidade de descrever os fatos que conseguimos captar de determinada situação, evitando adicionar opiniões, interpretações ou julgamentos.

Avaliação: A interpretação dos fatos captados. Quando julgamos o que foi observado a partir da nossa visão de mundo, expectativas e reações emocionais.

Fato:

Passo 2

Como você se sente ao lembrar do fato que escreveu?

Veja na lista abaixo o sentimento que corresponda ao seu.

Satisfação	Irritação	Medo	Inveja	Centrado	Entorpecido	Cansaço	Euforia Radiante	Surpreso Perplexo
Tranquilidade Serenidade	Impotência	Ansiedade	Exausto Esgotado	Horror Pavor	Inconsolável	Tédio	Animosidade	Envolvido
Relaxado Descontraido	Nostalgia	Inquietação Impaciência	Tensão	Desapontamento Pesar	Dor	Culpa	Sobrecarregado	Confuso Dividido
Alegria Feliz	Preocupado	Desprezo Asco - Nojo	Frustração	Aversão Repulsa Repudio	Movido Emocionado	Extasiado	Anseio Desejo	Rindo à toa
Orgulho	Pânico	Angústia Agonia	Solidão	Vergonha	Choque	Encantamento Fascinação	Mexido Desestabilizado	Absorto
Gratidão	Mágoa - Rancor Ressentimento	Tristeza	Arrependimento Remorso	Clúme	Desanimo Desalento	Ardente	Esvaziado	Retraído
Carinho Ternura	Ódio Fúria - Ira	Apatia Resignação	Empolgação Entusiasmo	Alívio	Desespero	Vivacidade Vibrante	Desconectado	
Afeto Amor	Incômodo Desconforto	Raiva	Excitação	Compaixão	Atordoado Desorientado	Assustado	Curiosidade Interessado	

Como você se sente ao lembrar do fato que escreveu?

Passo 3

Os sentimentos apontam para necessidades que foram ou não atendidas. Se essa situação trouxe sensações desconfortáveis para você, é provável que ali existam necessidades suas que não foram atendidas. Do que você precisava naquele momento e não teve? Confira na lista a seguir e escolha a que corresponde à sua necessidade.

Sentido Propósito	Suporte	Conexão	Cooperação Apoio	Comprometimento Determinação	Confiança	Conscientização Consciência	Auto Expressão	Contribuição
Consideração	Estabilidade Constância	Concretização	Humor Risada	Harmonia	Luto	Presença	Integridade	Companhia
Estimulo Audácia	Eficiência Eficácia	Realização	Pause	Auto Apropriação	Coerência	Paz Tranquilidade	Cuidado Auto-cuidado	Leveza
Ver a ser visto	Diversidade	Clareza	Sustentabilidade	Espontaneidade	Compreender Ser compreendido	Diversão Brincar	Intimidade	Honestidade
Distração	Cumplicidade	Movimento Exercicio	Autenticidade	Transparência	Metas e Sonhos	Comunicação	Privacidade	Iniciativa
Celebração	Apreciação Gratidão	Bem estar Saúde	Repor energia	Criatividade	Coesão União	Respeito Auto-respeito	Calor humano	Participação
Perspective	Reconhecimento	Reciprocidade Inspiração	Conhecer Ser conhecido	Desenvolvimento	Desafio	Autonomia liberdade	Aprendizado	Inclusão
Acolhimento	Afeição	Segurança Protecão	Aceitação	Dignidade	Experiência	Pertencimento	Competência	Ter Importância

Do que você precisava naquele momento e não foi atendido?

Passo 4

Agora, tendo clareza sobre o fato, seus sentimentos e suas necessidades, como você poderia comunicar para a pessoa envolvida no conflito (ou para você mesma) o que ficou vivo para você naquela situação? Busque fazer isso sem culpar ou punir o outro ou a si mesma.

Quando:

[Fato ocorreu]

Eu me senti:

[Sentimento]

Porque eu tenho a necessidade de........................ para mim é importante:

[Necessidade não atendida]

Eu gostaria de te pedir:

[Pedido claro e específico]

Passo 5

Após expor tudo isso, tem algo que você gostaria de pedir para a outra pessoa que ajudaria a atender às suas necessidades que naquela situação não foram atendidas?

Além disso, existe algo que você mesma poderia fazer que ajudaria a atender essas necessidades?

Falar em uma linguagem positiva sobre pedidos ajuda falar o que quer ao invés do que não quer. Fazer o pedido pensando no agora e sendo o mais específico possível.

Lembre-se de que pedidos são diferentes de exigências. Um "não" para seu pedido é uma oportunidade de aprimorá-lo, para que atenda tanto suas necessidades quanto as da outra pessoa.

Podemos perceber que os roteiros baseados na comunicação assertiva e na comunicação não violenta têm algo em comum: uma comunicação inclusiva e respeitosa na busca de uma solução ganha-ganha de forma a atender as necessidades dos dois lados.

Conversas difíceis são inevitáveis, mas aprender a conduzi-las reduz conflitos e fortalece relações. Quanto mais praticamos, mais natural se torna a comunicação assertiva.

1. Liste aqui as situações que você tem mais dificuldade de enfrentar?

2. Escolha uma situação e use o roteiro da comunicação assertiva. Convide a pessoa que é o motivo da situação e pratique a conversa difícil. Prepare-se antes da conversa. Avalie sua intenção e tenha certeza de que ela seja ganha-ganha.

3. Escolha uma situação e use o roteiro da comunicação não violenta. Convide a pessoa que é o motivo da situação e pratique a conversa difícil. Prepare-se antes da conversa. Avalie sua intenção e tenha certeza de que ela seja ganha-ganha.

12. FALE COM PROPÓSITO: A ARTE DE DAR FEEDBACK E ALINHAR EXPECTATIVAS

A importância da gestão do desempenho eficaz

A gestão de desempenho é um dos pilares fundamentais para o crescimento de qualquer organização. Ela vai além da simples avaliação de resultados; é uma ferramenta estratégica que permite alinhar os objetivos da empresa com o potencial de cada colaborador. Quando bem implementada, ela não apenas otimiza o desempenho organizacional, mas também impulsiona a carreira dos colaboradores, proporcionando clareza sobre suas metas, desenvolvimento contínuo e reconhecimento.

Para as empresas, a gestão de desempenho é essencial para garantir que todos estejam trabalhando na mesma direção, com foco em resultados concretos. Ela permite identificar áreas de melhoria, ajustar estratégias e promover uma cultura de feedback constante, essencial para o crescimento saudável da organização. Para os líderes, essa prática é uma oportunidade de influenciar positivamente suas equipes, proporcionando orientação e motivação de forma eficaz. A gestão de desempenho se torna, assim, uma chave para manter a produtividade e o engajamento em alta.

A gestão de desempenho é a ponte que conecta líderes e liderados, permitindo que caminhem juntos na busca por resultados. Para manter a produtividade e o engajamento em alta, esse processo precisa acontecer de forma estruturada, por meio de uma comunicação assertiva que alinhe expectativas e fortaleça a troca de feedback. Quando bem conduzida, essa conexão impulsiona o crescimento mútuo e a construção de um ambiente de confiança e desenvolvimento contínuo.

Neste capítulo, vamos explorar os principais conceitos da gestão de desempenho, suas ferramentas e práticas mais eficazes, e como ela pode ser um diferencial tanto para as empresas quanto para os indivíduos. Vamos entender como esse processo pode ser transformador e alinhado com o desenvolvimento contínuo e a excelência organizacional.

O papel do líder na gestão do desempenho

O primeiro passo da gestão de desempenho é garantir que as metas e expectativas estejam claramente definidas. O líder deve alinhar as metas do colaborador com as metas estratégicas da empresa, garantindo que todos entendam o papel que desempenham na execução do plano organizacional.

A gestão de desempenho não se resume a uma avaliação anual. O líder deve oferecer feedback contínuo, seja positivo ou corretivo, para que os colaboradores saibam como estão se saindo em tempo real. Esse feedback ajuda a corrigir desvios, reconhecer bons desempenhos e motivar a equipe a melhorar constantemente.

O líder é responsável por monitorar o progresso do colaborador, acompanhando seu desempenho em relação às metas estabelecidas. Isso pode ser feito por meio de reuniões regulares, análises de resultados e relatórios de desempenho. O acompanhamento é essencial para garantir que o colaborador esteja no caminho certo e para identificar obstáculos que possam surgir.

Quando o desempenho de um colaborador não está atendendo às expectativas, o líder deve ser capaz de identificar as causas e desenvolver planos de ação para corrigir a situação. Isso pode envolver conversas difíceis, onde o líder utiliza habilidades de comunicação assertiva para discutir o desempenho, oferecer apoio e encontrar soluções conjuntas para melhorar os resultados, podendo incluir treinamentos, ajustes de processos ou até mesmo mudanças de abordagem no trabalho. O plano de ação é uma oportunidade para apoiar o colaborador no seu desenvolvimento contínuo.

Um ponto fundamental da gestão de desempenho é o desenvolvimento de habilidades. O líder deve identificar as necessidades de capacitação dos membros da equipe e oferecer as ferramentas e oportunidades necessárias para o crescimento profissional, seja por meio de cursos, mentorias ou experiências práticas.

Embora o feedback contínuo seja essencial, a avaliação formal do desempenho é uma prática importante. O líder realiza reuniões de avaliação periódicas para revisar o desempenho de cada colaborador, discutir os pontos fortes e as áreas de melhoria e ajustar as metas para o próximo período. Essa avaliação deve ser baseada em dados objetivos, como resultados alcançados e comportamentos observados.

Reconhecer e recompensar o bom desempenho é uma atividade crucial na gestão de desempenho. O líder deve celebrar os sucessos individuais e coletivos, criando um ambiente onde os colaboradores se sintam valorizados e motivados a manter altos níveis de desempenho. O reconhecimento pode ser feito tanto de forma informal, como um simples elogio, quanto de forma formal, como bônus ou promoções.

O líder também tem o papel de criar um ambiente que favoreça o engajamento e a motivação dos colaboradores. Isso envolve promover a comunicação aberta, incentivar o trabalho em equipe e garantir que todos se sintam parte do sucesso da organização. Líderes que conseguem engajar suas equipes criam uma cultura de alto desempenho, onde todos buscam constantemente a excelência.

Um aspecto importante da gestão de desempenho é apoiar o crescimento profissional do colaborador ao longo de sua carreira. O líder deve identificar potenciais talentos, oferecer oportunidades de desenvolvimento e preparar os colaboradores para futuros cargos de liderança ou outras posições dentro da organização.

Essas atividades refletem o papel do líder na gestão do desempenho, indo desde o estabelecimento de expectativas até o desenvolvimento contínuo dos colaboradores. Cada uma dessas ações tem o poder de impactar positivamente tanto o desempenho individual quanto os resultados globais da organização.

Feedback com propósito e coragem

O feedback é uma das ferramentas mais poderosas para o desenvolvimento de pessoas e equipes. É o retorno que damos ou recebemos sobre uma ação, comportamento ou desempenho. Ele pode ser positivo para reforçar boas práticas, construtivo para apontar melhorias ou corretivo para mostrar os desvios que precisam ser ajustados.

O feedback é essencial porque seu objetivo não é criticar, e sim promover aprendizado e crescimento. Ele cria clareza, alinha expectativas e impulsiona a performance e o engajamento.

Damos feedback positivo quando queremos reconhecer e reforçar comportamentos ou desempenhos positivos. Exemplo: "Seu relatório foi muito bem sustentado com dados e ajudou a equipe a tomar decisões mais rapidamente. Parabéns pelo excelente trabalho!"

Às vezes, o feedback construtivo é necessário para apontar os pontos de melhoria, porém sempre de forma respeitosa e objetiva, com foco no crescimento. Exemplo: "Seu relatório está muito bom, mas poderia ter mais dados para sustentar as conclusões. Que tal incluir algumas referências adicionais?"

Também usamos o feedback corretivo para ajustar comportamentos inadequados que precisam ser melhorados. Deve ser dado com cautela e de forma clara para evitar desmotivação. Exemplo: "Notei que você tem perdido prazos importantes. Vamos entender o que está acontecendo para corrigirmos isso?"

Quando o líder quer inspirar e incentivar alguém a continuar se dedicando ou superar desafios, deve usar o feedback motivacional. Exemplo: "Sei que esse projeto é desafiador, mas confio no seu potencial. Você já superou dificuldades antes e tenho certeza de que conseguirá de novo!"

Já o feedback de desenvolvimento é voltado para o crescimento a longo prazo, ajudando a pessoa a evoluir profissionalmente. Exemplo: "Você tem grande potencial para liderar. Que tal investir em cursos de gestão para fortalecer essa habilidade?"

Quando um feedback é construtivo ou destrutivo? Para responder a esta pergunta, vamos analisar quatro fatores que determinam a qualidade do feedback:

Aqui está um modelo de quatro fatores que cruza Intenção (verdade e mentira) e Motivação (amor e desamor), mostrando como esses aspectos impactam na qualidade do feedback:

Quadrante 1 **Verdade + Amor**	Quadrante 2 **Verdade + Desamor**
Quadrante 3 **Mentira + Amor**	Quadrante 4 **Mentira + Desamor**

Quadrante 1: Verdade + Amor

Este é o feedback mais construtivo e positivo. A pessoa tem boas intenções e deseja ajudar o outro a crescer, com um foco genuíno no desenvolvimento e bem-estar. A motivação é o amor e o respeito pela pessoa.

Impacto: O feedback é honesto, claro, empático e voltado para o progresso do receptor. É dado de forma construtiva, com foco na solução e no apoio ao crescimento.

Quadrante 2: Verdade + Desamor

A intenção de dar feedback é verdadeira, mas a motivação vem de um lugar de desamor, talvez por frustração ou ressentimento. O feedback pode ser honesto, mas a entrega é impessoal, fria ou até agressiva.

Impacto: A sinceridade é mantida, mas a falta de empatia e cuidado no tom pode fazer com que o feedback seja difícil de digerir, prejudicando a receptividade e o impacto positivo.

Quadrante 3: Mentira + Amor

O feedback é dado com boas intenções, mas não é inteiramente verdadeiro. Pode ser uma forma de proteger ou agradar o outro, evitando críticas duras ou desconfortáveis.

Impacto: A motivação de amor pode tornar o feedback mais acolhedor e gentil, mas a falta de verdade impede o crescimento real, já que o receptor não tem informações claras sobre as áreas a melhorar.

Quadrante 4: Mentira + Desamor

- Aqui, a pessoa não é sincera e sua motivação é negativa, talvez com o intuito de manipular, controlar ou evitar conflito. O feedback pode ser falso, insincero ou distorcido, e as intenções não são positivas.
- Impacto: O feedback será prejudicial, pois a falta de sinceridade e o desinteresse no bem-estar do outro podem criar desconfiança, desmotivação e até confusão sobre o que realmente precisa ser melhorado.

Esses quadrantes mostram como diferentes combinações de intenções e motivações influenciam o feedback, impactando sua eficácia e a qualidade das relações interpessoais no ambiente de trabalho.

Como conduzir uma reunião de desenvolvimento eficaz

1. **Objetivo da reunião:** Fale qual é a intenção desta conversa.
2. **Contexto:** Faça uma retrospectiva da performance do colaborador e reconheça seu bom comportamento. Fale dos resultados obtidos no período e a importância de construir novos gols.
3. **Foco no eu ideal** – Estimule o colaborador a criar uma visão positiva do futuro, naquela posição ou cargo. Pergunte: Como você gostaria de estar para se sentir 100% nesta posição? Como você gostaria de estar daqui 1 ano, ou 3 meses?
4. **Competências necessárias:** Liste ou revisite junto com o colaborador as competências técnicas e comportamentais necessárias do perfil do cargo.

Aqui você pode usar o modelo CHA para listar os conhecimentos, habilidades e atitudes e, junto com o liderado, avaliar sua maturidade em cada uma das competências. Esse modelo está detalhado no capítulo seguinte.

5. **Empoderamento do colaborador:** Pergunte: Como você se vê diante das competências descritas?
6. **Identificação dos pontos fortes:** Peça que o colaborador identifique seus pontos fortes. Dê reforço positivo.

7. Identificação dos pontos de melhoria: Peça que os identifique e qual é sua visão sobre os pontos a melhorar. Mostre sua percepção com fatos.

8. Mensuração da motivação do colaborador – De 0 a 10, o quanto está motivado para atingir seu ideal?

9. Ação colaborativa do colaborador: O que você está disposto a fazer para mudar a situação e melhorar os pontos de melhoria?

10. Empatia e acolhimento: Como posso ajudá-lo? Tenho algumas sugestões de mudança. Posso dá-las?

11. Impactos da mudança: Eu acredito que se você tiver esse comportamento positivo... (Mostre os benefícios da mudança e negocie as mudanças).

12. PDI - Plano de Desenvolvimento Individual: Faça um plano de ação com metas de desenvolvimento e acompanhe as mudanças. Por fim, agradeça.

Construindo um PDI relevante e viável

O PDI - Plano de Desenvolvimento Individual - é uma ferramenta estratégica utilizada para orientar o desenvolvimento de competências e habilidades de um colaborador, visando seu crescimento profissional dentro de uma organização. O PDI é um plano personalizado, elaborado com base nas necessidades do indivíduo, nos objetivos de carreira e nas metas da empresa. Ele é geralmente usado como parte do processo de gestão de desempenho, com o objetivo de alinhar as expectativas da organização com o desenvolvimento contínuo dos colaboradores.

Componentes principais do PDI:

- Diagnóstico de competências: Identificação das habilidades e áreas de desenvolvimento do colaborador. Isso pode ser feito através de avaliações de desempenho, feedback 360º ou autoavaliação.

- Avaliação de desempenho: É a avaliação formal feita pelo líder, baseada em critérios objetivos e subjetivos sobre o desempenho do colaborador. Foca em identificar pontos fortes e áreas de melhoria. O risco de ter somente essa avaliação é possuir vieses cognitivos de quem avalia.

- Feedback 360º: É a avaliação feita por várias pessoas: gestor, colegas, liderados e o próprio avaliado. É uma avaliação mais completa do desempenho com diferentes visões.

- Autoavaliação: O colaborador se avalia, refletindo sobre suas próprias conquistas e áreas de melhoria, o que estimula o autoconhecimento, mas também pode ser tendenciosa.

- Objetivos de desenvolvimento: Definir metas claras e mensuráveis para o aprimoramento das competências, com base nas necessidades identificadas.

- Ações e estratégias de desenvolvimento: Estabelecer as atividades necessárias para atingir os objetivos de desenvolvimento, como treinamentos, mentorias, coaching, job rotation, entre outras.

- Prazo para alcançar os objetivos: Determinação de um cronograma realista para o alcance das metas, com etapas intermediárias para acompanhar o progresso.

- Acompanhamento e avaliação: Monitoramento contínuo do progresso do colaborador e ajustes no plano, se necessário. Isso pode incluir feedback regular e reuniões de acompanhamento.

O PDI é um guia estruturado e colaborativo que facilita o crescimento contínuo de um profissional, contribuindo tanto para seu desenvolvimento pessoal quanto para o sucesso da organização.

O erro mais comum é fazer o PDI e guardá-lo na gaveta. O líder deve usar check-ins rápidos, perguntando no dia a dia: Como está o seu desenvolvimento? O que você já conseguiu aplicar? Qual apoio você precisa de mim?

O contexto atual exige um modelo mais ágil e contínuo de avaliação de desempenho, pois mudanças rápidas no mercado e nas empresas tornam inviável esperar um ciclo anual para ajustar rota e desenvolver as pessoas. Por isso, seguir um modelo mais híbrido, que combina feedback frequente e acompanhamento estruturado, garante que a evolução aconteça sem sobrecarregar o líder.

Assim, coloque na sua rotina de liderança:

- *Check-ins* rápidos trimestrais: Através de conversas rápidas com o colaborador, perguntando: O que está funcionando bem? O que precisa melhorar? O que podemos ajustar nos próximos três meses?

- Avaliação semestral ou anual estruturada: De acordo com as políticas de recursos humanos da sua empresa, onde você fará uma revisão mais ampla do desempenho, conectando diretamente com o PDI do colaborador e os objetivos da empresa.

- Feedback contínuo no dia a dia: Aqueles pequenos feedbacks semanais ou quinzenais, positivos e construtivos, fortalecendo a cultura de aprendizado constante.

Às vezes, acontece um evento negativo que precisa de um alinhamento pontual do líder com seu liderado. Não procrastine, chame o colaborador o mais rápido que puder, seja específico e objetivo na sua conversa de feedback, em um local reservado, sem a presença de outras pessoas, e faça o seguinte:

1. Fale sobre o comportamento disfuncional: "José, hoje na reunião, eu percebi que você estava impaciente e agressivo com a Maria, inclusive você criticou o trabalho dela de forma agressiva."

2. Escute o que ele tem para dizer: "Está acontecendo alguma coisa que você gostaria de compartilhar comigo?"

3. Seja empático e assertivo e diga: "Eu entendo que você tenha se ofendido com ela, porém ser agressivo não me parece o melhor caminho para resolver o conflito."

4. Mostre os impactos e diga: "Conflitos mal resolvidos causam mal-estar no ambiente de trabalho, prejudicando o espírito de colaboração e os resultados da área, além do que você também se sentirá desconfortável."

5. Fale suas expectativas: "Eu, como líder, espero que vocês tenham transparência na comunicação e expressem de forma assertiva seus sentimentos negativos e diferenças."

6. Foque na solução definitiva do problema: "O que você pretende fazer para resolver a situação?"

7. Firme o compromisso do colaborador: "Posso contar com você?"

8. Agradeça e se coloque à disposição: "Agradeço seu empenho e conte comigo."

Feedforward: orientando para o futuro

Esta é outra ferramenta muito útil para alinhamento de expectativas de desenvolvimento. O termo feedforward não tem uma tradução literal para o português, mas pode ser entendido como orientação para o futuro, realimentação positiva ou feedback propositivo. Essa abordagem foi criada por Goldsmith, Marshall e publicada em sua obra: "O Que Te Trouxe Até Aqui Não Vai Te Levar Até Lá - Como Pessoas Bem-Sucedidas Se Tornam Ainda Mais Bem-Sucedidas."

Enquanto o feedback analisa o passado, o feedforward foca no desenvolvimento e nas melhorias futuras, ajudando as pessoas a olharem para frente e pensarem como podem ser melhores ainda, mais do que já são, e evoluírem sem ficar presas a erros ou limitações anteriores. O feedforward é especialmente útil em situações como:

- Quando um líder quer orientar um colaborador sobre como melhorar seu desempenho sem gerar resistência ou defensividade.

- Em vez de focar apenas no que não funcionou, direcione a conversa para soluções e oportunidades de crescimento no futuro.

- Quando a empresa ou equipe está passando por transformações e precisa de um direcionamento positivo para se adaptar.

- Para ajudar profissionais a enxergarem caminhos de evolução sem se prenderem a erros ou falhas passadas.

Ao aplicar o feedforward, o foco sai da culpa e do passado e vai para a construção de soluções, gerando mais engajamento e desenvolvimento.

Por exemplo, em vez de dizer: "Você precisa ser mais claro ao se comunicar com o cliente", diga: "Que tal estruturar seu relatório mencionando os três pontos principais? Isso pode ajudar seu cliente a entender melhor sua proposta."

Essa mudança de abordagem gera motivação e engajamento, pois foca na ação e não no julgamento, utilizando uma linguagem positiva.

Você também pode combinar as duas abordagens: primeiro, ofereça o feedback, apontando os pontos de melhoria, e, em seguida, utilize o feedforward para incentivar o colaborador a evoluir e alcançar seu potencial.

Você pode trocar feedforward com sua equipe utilizando perguntas que colocarão as pessoas em situação confortável para expressar o pensamento verdadeiro.

Por exemplo:

Reúna a equipe e, em duplas, peça que as pessoas deem sugestões de melhoria entre si, fazendo estas três perguntas um para o outro:

1. O que posso fazer para melhorar?

2. Quais ações específicas você sugere que eu adote?

3. Se estivesse no meu lugar, o que faria de diferente?

Outro exemplo é: Se o objetivo é identificar hábitos que podem estar prejudicando o desempenho, reforçar comportamentos positivos e incentivar novos hábitos que podem gerar melhores resultados, você pode usar a seguinte estrutura de feedforward para direcionar a conversa para ações concretas e futuras:

1. O que você sugere que eu pare de fazer?

2. O que você sugere que eu continue fazendo?

3. O que você sugere que eu comece a fazer?

Essas perguntas fazem do feedforward uma ferramenta poderosa para líderes e equipes que desejam aprimorar habilidades, fortalecer relações e se preparar para desafios futuros, sempre com foco na solução.

Reuniões de acompanhamento que fazem a diferença

O próximo passo é garantir que o plano de ação vingue e aconteça. Por isso, é interessante definir agenda para o acompanhamento junto com o colaborador.

Prepare-se para a reunião de acompanhamento. Durante o período de acompanhamento, fique atento às mudanças percebidas com relação aos pontos de melhoria e anote tudo para usar no dia da reunião de acompanhamento.

No dia da reunião, procure um local silencioso e privado para criar um ambiente seguro para que o colaborador se sinta à vontade para se expor.

Inicie a reunião seguindo a técnica do FEELING, criada por David Rock, autor do livro Liderança Tranquila e fundador e CEO do NeuroLeadership Institute.

F	Fatos
E	Emoção
E	Encorajamento
L	Aprendizado
I	Impactos
NG	Novos Gols

Vamos explorar como conduzir o acompanhamento de resultados.

Passo 1. F = Fato

Inicie pelo F de fato, ou seja, o quanto o colaborador atingiu do seu objetivo de melhoria, podendo ser dito em percentual. "De 100% do seu objetivo, qual foi o percentual do seu atingimento?"

Passo 2. E = Emoção

Pergunte: — *Como você se sente com o resultado?*

Aqui, o colaborador pode dizer um sentimento positivo ou negativo, vai depender do índice atingido.

- Se ele atingiu 100%, é provável que o sentimento será de alegria, contentamento e satisfação.

- Se ele atingiu 50%, é provável que o sentimento será de frustração, desolação, chateação, decepção etc.

- Se ele atingiu 30%, é provável que o colaborador se apresentará cabisbaixo, bem chateado e constrangido.

Em qualquer situação:

- Se for alegria, você festejará o resultado e reconhecerá que ele se esforçou muito.

- Se for um sentimento negativo, você deve validar o sentimento do colaborador, demonstrando empatia e compaixão pelo estado emocional.

Diga: — *Eu compreendo como você se sente. Eu imagino que quando não atingimos uma meta, nos sentimos mal.*

Passo 3. E = Encorajamento

- Se o sentimento for alegria, compartilhe a emoção com ele e o encoraje a analisar o que ele fez que deu tão certo.

- Se o sentimento for negativo, encoraje o colaborador, dizendo:

— *Vamos juntos entender o que aconteceu, o que você fez de bom e o que você poderia ter feito e não fez. Vamos aprender com os nossos erros, corrigir a rota e nos dar mais uma chance para atingir totalmente o objetivo.*

Passo 4. L (Learning) = Aprendizado

Seja qual for o sentimento, pergunte:

— *O que você aprendeu nessa experiência?*

— *O que você fez que alavancou o seu resultado?*

— *O que você acredita que se tivesse feito e não fez, poderia ter alcançado o seu resultado?*

— *O que você aprendeu com esses erros?*

— *Como foi essa jornada?*

Passo 5. I = Impactos

Diga: — *Normalmente aprendemos continuamente. E durante um processo, aprendemos com os erros e acertos. E o nosso novo aprendizado impacta em várias áreas da nossa vida.*

Pergunte:

— *Quais foram os impactos que você sentiu com esse aprendizado?*

— *Onde você vai aplicar esse aprendizado daqui para frente?*

— *Como você pode contribuir com as pessoas com esse novo aprendizado?*

Passo 6. NG = Novos gols

Aqui você fecha o ciclo desse produtivo e positivo diálogo chamado FEELING, estimulando o colaborador a querer ser melhor ainda.

Pergunte:

— *Quais serão seus novos gols para o próximo ciclo de avaliação?*

Se o resultado foi médio para baixo, aqui é o momento de reforçar o objetivo não atingido, porém, agora, ele estará mais bem orientado por você, com novos aprendizados.

Feche a conversa, perguntando:

— *De 0 a 10, o quanto você está motivado para atingir os novos gols?*

— *De 0 a 10, o quanto você se sente preparado para este desafio?*

— *De 0 a 10, o quanto você está compromissado com os novos gols?*

Coloque-se à disposição caso o colaborador necessite do seu apoio.

Líder, experimente essa técnica e você verá o impacto no engajamento da sua equipe.

O líder preparado pode minimizar um ambiente emocionalmente ameaçador, criando um ambiente que favoreça a receptividade ao feedback.

Alguns cuidados nas reuniões de alinhamento:

- Preserve a imagem positiva do profissional e comece reconhecendo pontos positivos e o impacto do colaborador na equipe.

- Dê segurança e o sentimento da certeza e explique claramente o objetivo da reunião e como o feedback será estruturado.

- Respeite a necessidade da autonomia e convide o colaborador a refletir sobre sua própria performance antes de apresentar o feedback.

- Fortaleça o relacionamento e faça com que o colaborador o perceba como amigo e não um inimigo, demonstrando empatia e reforçando que o objetivo do feedback é o crescimento, e não punição.

- Mostre que o feedback é criterioso e use dados concretos e exemplos específicos para embasar o feedback, evitando subjetividade.

Se o gestor não souber criar um ambiente seguro, o sistema límbico será ativado, e a reunião pode se transformar em um campo de batalha emocional.

Por outro lado, quando o líder conduz o feedback de forma empática e estruturada, ele desativa o modo de alerta do cérebro e permite que o colaborador absorva a mensagem de maneira construtiva.

O desafio dos líderes não é apenas dar feedback, mas sim criar um contexto onde o feedback possa ser recebido e aplicado para o crescimento da equipe.

O feedback construtivo bem dado ativa áreas cerebrais que impulsionam o crescimento e a motivação. Para isso, seja específico, valorize o esforço e ofereça soluções práticas.

Se o feedback for negativo e mal conduzido, a reação cerebral pode ser bem diferente. O cérebro entra em estado de alerta, dificultando a aprendizagem e a mudança.

O feedback negativo não precisa ser um vilão. Quando é conduzido com humanidade e foco na solução, pode ativar as áreas certas do cérebro para gerar aprendizado e crescimento.

Exercício 1: Experimente dar um feedback construtivo falando a verdade com amor e construindo ações de crescimento. Planeje um feedback que você precisa dar a um colaborador seguindo este roteiro:

1. Fale sobre o comportamento disfuncional: "Fulano, hoje aconteceu tal situação onde você agiu de tal forma."

2. Escute o que ele tem para dizer: "Está acontecendo alguma coisa que você gostaria de compartilhar comigo?"

3. Seja empático e assertivo e diga: "Eu entendo que você... porém... não parece ser a escolha mais adequada."

4. Mostre os impactos e diga: Fale dos impactos no ambiente, nas pessoas, em você e nele mesmo.

5. Fale suas expectativas: "Eu, como líder, espero que você..."

6. Foque na solução definitiva do problema: "O que você pretende fazer para resolver a situação?"

7. Firme o compromisso do colaborador: "Posso contar com você?"

8. Agradeça e se coloque à disposição: "Agradeço seu empenho e conte comigo."

Exercício 2: Faça outra experiência, agora você pedindo um feedforward para cada colaborador da sua equipe. Converse com cada colaborador, explique o objetivo da atividade, e peça para ele responder sobre você:

— O que você sugere que eu pare de fazer?

— O que você sugere que eu continue fazendo?

— O que você sugere que eu comece a fazer?

Anote tudo que o colaborador disser, mostre-se aberto para ouvir, agradeça e pense em ações de melhoria. Coloque-as em prática. Você vai se surpreender com esse exercício.

Exercício 3: Pratique uma reunião de acompanhamento de metas de desempenho, utilizando o modelo FEELING:

- F = Fatos
- E = Emoção
- E = Encorajamento
- L = Aprendizado
- I = Impactos
- NG = Novos Gols

13. COMO CONSTRUIR UM TIME COMPROMETIDO COM O PROPÓSITO DA EMPRESA

A tarefa de um gerente não é modificar os seres humanos. Bem ao contrário, a missão é multiplicar a capacidade de desempenho de todos, pondo em uso todos os pontos fortes, a saúde, a aspiração que existe nas pessoas.

(Peter Drucker, O gerente eficaz)

Quando você abre a mente e enxerga as pessoas, você aumenta os caminhos para si mesmo.

Tudo começa e termina com pessoas

Sabe aquela velha história de que o segredo para o sucesso está em "fazer tudo com excelência"? Em parte, porque a excelência não começa nos processos e nem nos resultados. Na verdade, a excelência começa nas pessoas.

Vários autores destacam a diferença básica entre gestor e líder: o gestor foca no resultado e o líder foca nas pessoas.

Liderança assertiva não é sobre escolher entre resultados e pessoas, mas sobre integrar os dois de forma harmoniosa.

O problema é quando a balança entre resultado x pessoa se desequilibra. Se você exagera de um lado, passando todo seu tempo olhando relatórios, cobrando tarefas e prazos e criando sistemas para controlar as pessoas, é provável que o cuidado com as pessoas não estará na sua lista de prioridades, no mesmo nível dos resultados. Por outro lado, se o desequilíbrio favorece somente o foco nas pessoas, corre-se o risco de se tornar um líder "bonzinho" de uma equipe sem energia.

O verdadeiro líder faz sua equipe brilhar não apenas pelo que entrega, mas pelo impacto que gera nas pessoas e nos resultados.

Por essa razão, este líder adota em sua gestão a cultura do cuidado, que implica em:

- Praticar o autocuidado. Sim, o líder precisa cuidar da sua saúde mental e física, através de bons hábitos. Cuidando bem do seu mental, o seu corpo agradecerá e vice-versa.

- Criar um ambiente seguro psicológico onde todos se sintam à vontade para se expressar sem medo de julgamentos ou críticas.

- Dar significado ao trabalho de cada um, conectando seu propósito pessoal ao propósito e objetivos estratégicos da empresa.

- Envolver a equipe na definição da identidade da área e como se dará sua contribuição ao negócio, de forma que as necessidades individuais de pertencimento, inclusão e reconhecimento sejam atendidas.

Gestor cuida de pessoas, pessoas cuidam dos processos, processos são executados com excelência e o resultado é consequência disso tudo.

No final do dia, o que move os resultados são as pessoas. E elas só performam bem quando são ouvidas, respeitadas e inspiradas.

Esta é a mágica: o resultado aparece naturalmente

Como encontrar esse equilíbrio? A verdade é que o foco em pessoas e resultados não são opostos, são complementares. É como dirigir um carro: as pessoas são o motor e os resultados, o destino. Sem um bom motor, você não chega lá. Sem destino, o motor fica rodando sem propósito.

Gestão estratégica de pessoas: passos para desenvolver e engajar a equipe dos sonhos

Pensando nessa analogia, vamos fazer um roteiro para você desenvolver a equipe dos sonhos, sendo autônoma, madura, consciente, assertiva e principalmente engajada.

Esta função exige do líder habilidades como visão estratégica, planejamento, acompanhamento e uma boa dose de comunicação com propósito.

Antes de iniciar o passo a passo, reflita sobre estas duas questões:

Primeira pergunta: O quanto estou preparado para ser um líder assertivo e ter a equipe dos meus sonhos? Como você se preparou para ter a equipe dos sonhos?

Uma das maiores qualidades do líder assertivo é o autoconhecimento, e esta foi a proposta de escrever este livro. Fornecer a você letramento e ferramentas para você brilhar como líder conduzindo uma equipe de sucesso e totalmente engajada ao propósito maior da sua liderança.

Segunda pergunta: Qual é a equipe dos meus sonhos?

- Uma equipe que tem autonomia e que decide com base em dados e conhecimento ou uma equipe que espera a aprovação do líder para agir?

- Uma equipe que busca informações, identifica problemas e propõe soluções antes que o líder peça ou uma equipe que executa apenas o que é solicitado, sem antecipar problemas?

- Uma equipe que se responsabiliza pelos resultados e cumpre os compromissos assumidos ou uma equipe que transfere a responsabilidade ao líder quando algo dá errado?

- Uma equipe inovadora que busca novas formas de melhorar processos e resultados ou uma equipe que não questiona e não sugere mudanças nos processos, preferindo manter as mesmas práticas já conhecidas?
- Uma equipe engajada, motivada e que se sente dona do processo e comprometida com o sucesso de todos ou uma equipe que trabalha somente para cumprir tarefas sem compromisso com o todo?

Lembre-se, ter uma equipe diversificada, onde um membro completa o outro, fortalece a colaboração, a inovação e a energia na busca de resultado coletivo. Por isso, mãos à obra!

Os sete passos para formar uma equipe extraordinária

Para desenvolver a equipe dos seus sonhos, você deve caminhar por 7 passos:

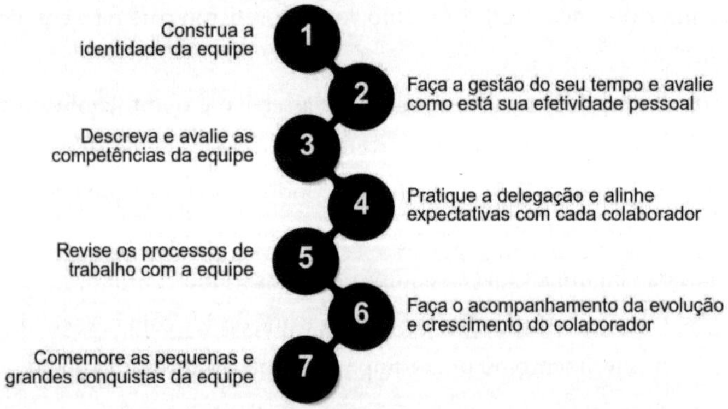

Passo 1. *Construir a identidade da equipe*

O fato de pessoas trabalharem na mesma área nem sempre é uma equipe de verdade. Por que? Simplesmente porque não comungam do mesmo objetivo e cada um segue seu caminho, sem senso de pertencimento, focado em seus próprios interesses.

Para ser uma equipe é preciso algo que una essas pessoas em torno de um propósito comum, que chamamos de identidade coletiva.

Mas o que compõe essa identidade? Basicamente, 5 ingredientes fundamentais: Propósito, missão, visão e objetivos, valores e regras de convivência e definição de papéis.

Equipes com identidade bem construída são mais coesas, produtivas e resilientes. O líder que entende isso sabe que seu papel vai muito além de delegar tarefas ou cobrar resultados. Ele é o arquiteto dessa identidade – e quanto mais sólida ela for, mais forte será o time. Vamos caminhar pelos passos para desenhar a identidade da equipe?

Atividade 1.1 – Definindo o propósito de sua liderança

É o momento de fazer um mergulho em si mesmo e trazer à tona o seu propósito. Como identificar seu propósito? O propósito tem a ver com o porquê fazemos algo, inclusive, Simon Sinek escreveu o livro Encontre seu porquê - que foca sobre o tema. O propósito é a razão do líder fazer o que faz. Está ligado aos seus valores, paixões e ao impacto que deseja gerar nas pessoas. É a somatória do seu talento que você coloca à disposição das pessoas e que gera impacto positivo e transformador. Tenha claro qual é o seu propósito que extrapola aos seus interesses pessoais! Quer um exemplo de propósito?

> Hoje meu propósito profissional e de vida é: compartilhar toda minha experiência e conhecimento sobre desenvolvimento humano, através de conversas, publicação de livros, palestras, cursos e mentorias, para impactar as pessoas positivamente e tornarem as empresas mais humanizadas em um mundo sustentável.

Ter esse propósito me dá energia para escrever este livro, coragem para enfrentar novos desafios, levantar cedo para fazer mentoria de líderes, curiosidade de conhecer histórias das pessoas e o prazer de conviver com elas.

Para encontrar seu propósito, reflita: O que faz você levantar de manhã, o que faz brilhar os seus olhos? Aproveite para pensar sobre seu legado, ou seja, daqui uns anos, quando você estiver distante, como você quer ser lembrado por essas pessoas da sua equipe, hoje?

Seu propósito deve ser escrito em uma frase de no máximo 3 linhas. Responda a esta pergunta-chave e complete a frase:

O que tenho de melhor em mim para contribuir com as pessoas (talento, experiências e conhecimento)?

Contribuição:

Qual é o impacto que desejo atingir nas pessoas (resultado positivo nas pessoas)?

Impacto:

Após definir seu propósito como líder, reflita sobre os pontos em que ele se alinha ao propósito da sua empresa. Essa conexão é essencial, pois você e sua equipe são os responsáveis por transformar esse propósito em ação. Isso explica a importância de sua equipe ter clareza do que a direção pensa e quer para os rumos da empresa (identidade da empresa: propósito, valores e princípios, visão, missão e objetivos estratégicos). Se você como líder não conhece o que a direção almeja, ficará bem difícil ser um líder assertivo.

Atividade 1.2 – Reunião com a equipe para definir propósito da equipe

Lembre-se, propósito é a razão de existir da equipe, aquilo que a inspira e motiva em um nível mais profundo. Está ligado ao *por que* do trabalho e tem uma conexão emocional forte.

Organize a reunião da seguinte forma:

1. Introduza o tema mostrando qual é o objetivo de definir a identidade da equipe e fale sobre o passo a passo dessa atividade.

Compartilhe seu propósito e o da empresa e mostre o quanto eles estão sintonizados.

2. Proponha a construção do propósito da equipe sintonizado ao propósito da empresa, ou seja, o porquê da equipe. Para definir o *porquê* e o propósito da área, o líder e a equipe podem se guiar pelas seguintes perguntas:

- Se nossa área deixasse de existir, qual diferença faríamos?
- Como nosso trabalho contribui para a empresa e para os clientes?
- O que nos dá orgulho no nosso trabalho?
- Quais problemas resolvemos?
- Como nosso trabalho facilita ou melhora a vida dos outros?
- O que nos move além dos resultados?

Responder a essas perguntas ajuda a equipe a enxergar seu papel de forma mais clara e motivadora, conectando propósito com ação.

3. Peça aos membros que juntos descrevam o propósito da equipe:

Nossa contribuição é:

O impacto que queremos é:

4. Estimule e apoie cada membro a definir seu propósito individual e o quanto este está em sintonia com o propósito da equipe e da empresa. Pergunte aos membros como seu propósito pode se realizar através do seu trabalho? Esse exercício é um bom começo para desenvolver na equipe os sentimentos de pertencimento, adequação, e aquela sensação de valor, de que cada um é importante para o negócio da empresa.

5. Todo final de reunião, faça o exercício do reconhecimento e agradecimento pelo empenho de todos. Peça para cada participante expressar o que gostou e o que pode ser melhor na próxima reunião.

6. Agende a próxima reunião para a definição da missão da equipe.

Atividade 1.3 – Reunião com a equipe para definição da missão

1. Instrua a equipe mostrando que propósito é o 'por quê' e missão é 'o que' e o 'como' fazemos o trabalho para gerar valor. O propósito inspira, a missão direciona a ação.

2. Organize os membros para definirem a missão da área que contribuirá para o atingimento dos objetivos estratégicos da empresa.

3. Para definir a missão, discuta com sua equipe e responda às perguntas:

— Por que sua área existe?
— O que vocês fazem?
— Como fazem?
— Qual é o valor que entregam?
— Qual é a contribuição para o negócio?

A definição clara da missão da área mostra o rumo para que a equipe não se perca. A missão direciona a equipe para os resultados que precisa entregar.

4. Escreva a missão como se fosse uma declaração, de forma clara, inspiradora e concisa.

"Nossa missão é [ação principal] para [público-alvo] com [valor gerado]."

Veja meu exemplo quando eu gerenciava a área de RH:

Nossa missão é atrair, desenvolver e reter talentos para construir uma cultura de excelência e impulsionar a alta performance da empresa.

Atividade 1.4 – Reunião para definição da visão e objetivos

Para conduzir a reunião, siga os procedimentos expressos anteriormente. Seu objetivo aqui é terminar a reunião com a descrição clara de uma visão inspiradora e objetivos desafiadores, sempre com a participação ativa da sua equipe.

Um lembrete: Não faça nada sozinho, busque o comprometimento de todos, sem exceção. Caso perceba que algum membro está alienado do processo, chame-o no particular, faça uma conversa assertiva, entenda o que está acontecendo e tome uma decisão com ele.

Para definir a visão, reflitam sobre estas questões:

- Onde queremos estar e como queremos estar ao atingir nosso objetivo?
- Como queremos ser reconhecidos?
- Se alguém descrevesse nossa equipe em uma frase, qual seria?

A visão define onde a equipe quer chegar no futuro. Representa o sonho de algo que guia e inspira as ações no presente. Pode representar o desejo de como a equipe quer ser percebida no ambiente da empresa. Normalmente a frase começa assim:

> Queremos ser referência em inovação e excelência, criando um ambiente de aprendizado contínuo e alto desempenho.

Para definir os objetivos da área, explore:

- O que é essencial para nosso sucesso nos próximos meses/anos?
- Como saberemos que estamos avançando?
- Quais métricas ou sinais mostram que estamos no caminho certo?
- Quais mudanças ou melhorias precisamos implementar?

Definidos os objetivos, pergunte-se:

- Que resultados precisamos obter para atingir os objetivos?

Eles podem ser estruturados seguindo a lógica de OKRs - Objetivos e Resultados Chave.

Vejamos um exemplo:

Objetivo: Fortalecer a colaboração e eficiência da equipe para aumentar a produtividade e a satisfação interna.

Resultados chave – são úteis para medir o objetivo e são descritos assim:

- Aumentar o índice de engajamento da equipe de 70% para 85% até o final do ano.
- Reduzir o tempo médio de resposta interna em 30%.

Para onde estamos indo? O que queremos alcançar? Uma equipe precisa ter clareza de seus objetivos e de como mede seu sucesso. Quando todos sabem para onde estão indo, fica mais fácil alinhar esforços e manter o foco.

Atividade 1.5 – Reunião para definição de valores e comportamentos da equipe

Os valores são guias que orientam nossos comportamentos. Por isso, é essencial que a equipe alinhe o que realmente valoriza e considera inegociável. Exemplos de valores: respeito, cooperação, transparência e foco no cliente. Use os valores da empresa como referência para garantir sintonia com os da equipe.

Em seguida, definam as regras de convivência, ou seja, quais comportamentos a equipe deve apresentar para garantir que os valores alinhados sejam praticados.

Exemplo de alguns comportamentos que colocam em prática o valor transparência no dia a dia da equipe:

- Comunicação aberta e honesta - Compartilhar informações de forma clara, sem omitir dados relevantes.

Exemplo: O líder deve informar a equipe sobre desafios, mudanças e decisões, evitando desinformação e fofocas.

- Dar e receber feedback de forma construtiva – Expressar opiniões com respeito e objetividade.

Exemplo: Dar retornos frequentes sobre os resultados ao líder, com foco em melhorias e ajustes necessários.

- Admitir erros e buscar soluções – Assumir responsabilidade por falhas e pela correção imediata.

Exemplo: Um colega reconhece um erro de planejamento e comunica à equipe como pretende ajustá-lo.

São pequenos combinados do dia a dia que evitam mal-entendidos e criam um ambiente mais saudável. Times de alta performance sabem que boas relações são construídas intencionalmente, por isso, esses compromissos devem ser escritos e recordados constantemente.

Para essa atividade, utilize essas perguntas que podem ajudar a construir um conjunto de valores e comportamentos alinhados ao propósito e missão da equipe.

Responda junto com sua equipe às perguntas:

1. Que equipe queremos ser? Quais são os valores que não abrimos mão?

2. Que comportamentos são essenciais para mantermos um ambiente saudável e produtivo?

3. Como esperamos que os membros da equipe ajam em situações de conflito ou pressão?

4. O que significa "trabalho bem feito" para nós?

5. Como queremos nos comunicar para garantir alinhamento e transparência?

6. Como lidamos com erros e aprendizados dentro da equipe?

7. Como tomamos decisões e quem tem autonomia para o quê?

8. Como incentivamos o aprendizado e crescimento dentro da equipe?

9. De que forma apoiamos uns aos outros no desenvolvimento profissional e pessoal?

10. O que significa sucesso para nós como equipe?

Atividade 1.6 – Definição de papéis

Este é o momento de organizar a equipe e definir quem faz o quê. Para isso, é essencial conhecer as forças individuais de cada membro, ou seja, seu perfil comportamental, seus conhecimentos, habilidades, experiências e virtudes. Se você ainda não tem esse mapeamento, peça apoio ao RH (Recursos Humanos) para realizar uma análise comportamental da equipe. Isso ajudará a distribuir os papéis de forma mais eficaz.

Com essas informações, o líder pode fazer ajustes e realocar colaboradores, garantindo que cada um contribua onde tem mais potencial. Quando há clareza nos papéis e responsabilidades, evitamos sobrecarga, competição desnecessária e desalinhamentos. Assim, todos sabem onde podem agregar mais valor e se sentem reconhecidos pelo seu trabalho.

Quando um líder cumpre o passo a passo na construção da identidade com a participação de todos os membros, ele consegue impactar diretamente as três necessidades básicas das pessoas da sua equipe, quais sejam: de pertencimento, de competência e aceitação. Pessoas autoconfiantes, com autoestima equilibrada e motivadas certamente darão o seu melhor para atingir os resultados que a empresa espera.

Quando falamos em crescimento e desenvolvimento, é essencial focar na equipe. No entanto, para que ela alcance seus objetivos, o líder também precisa evoluir continuamente.

Este é o momento de um olhar crítico para sua efetividade pessoal, avaliando a produtividade e o impacto de cada ação. Comece com uma autoanálise do uso do seu tempo para entender o quanto está focado no que realmente importa, evitando desperdícios com tarefas não prioritárias e crises constantes. Com essas informações em mãos, você estará preparado para treinar sua equipe e delegar de forma responsável.

Passo 2. *Faça a gestão do seu tempo e avalie como está sua eficácia pessoal*

Este é outro passo para a alta performance da equipe e que depende de uma autoavaliação do líder sobre sua efetividade pessoal no uso inteligente do seu tempo e foco na sua gestão. Essa reflexão ajudará o líder a tomar consciência de sua própria performance, pois detectará se é centralizador ou delegador, se é operacional ou estratégico e se é um líder que desenvolve ou não sua equipe. É um excelente exercício de autodiagnóstico que vai ajudá-lo a delegar de forma estratégica e inteligente.

RADAR: ferramenta para avaliar o uso do seu tempo

Vamos propor, em primeiro lugar, que o líder utilize a ferramenta RADAR para visualizar sua eficácia e eficiência na sua gestão.

Durante uma semana, você fará uma observação sobre onde você está usando seu tempo.

O RADAR pode ser um método eficaz para ajudar líderes a diagnosticarem como estão usando seu tempo e identificarem oportunidades de melhoria. O RADAR criado para você possui 5 dimensões:

- R = **Resultados operacionais:** São as tarefas operacionais diárias, execução de processos e entrega de resultados no curto prazo.
- A = **Administração de pessoas:** Refere-se à gestão direta da equipe, feedback, mentoria, treinamento e desenvolvimento de pessoas.
- D = **Decisões estratégicas:** Refere-se ao planejamento estratégico, análise de resultados de projetos, indicadores e definição de metas a longo prazo, pesquisa de tendências de mercado.
- A = **Autodesenvolvimento**: Refere-se ao investimento do líder no seu próprio desenvolvimento pessoal e profissional.
- R = **Relacionamentos externos:** Refere-se à interação com stakeholders externos, clientes, parceiros e ações de networking.

Critério (R - A - D - A - R)	Descrição	Percentual Atual	Percentual Desejado	Comentários
R - Resultados Operacionais	Tarefas operacionais diárias, execução de processos e entrega de resultados no curto prazo.	40%	15%	Reduzir o foco em tarefas operacionais para se concentrar mais em decisões estratégicas e gestão de pessoas.
A - Administração de Pessoas	Gestão direta da equipe, feedback, mentoria, treinamento, e desenvolvimento de pessoas.	30%	30%	Aumentar o tempo dedicado ao feedback constante, desenvolvimento e coaching.
D - Decisões Estratégicas	Planejamento estratégico, análise de resultados de projetos, indicadores e definição de metas a longo prazo, pesquisa de tendências de mercado.	10%	30%	Aumentar o tempo dedicado à análise de resultados, definição de metas e decisões estratégicas.
A - Autodesenvolvimento	Investimento do líder no seu próprio desenvolvimento pessoal e profissional.	5%	10%	Melhorar o tempo dedicado ao aprendizado contínuo, cursos, leitura e outras formas de desenvolvimento.
R - Relacionamentos Externos	Interação com stakeholders externos, clientes, parceiros e ações de networking.	15%	15%	Manter o tempo dedicado ao desenvolvimento de parcerias externas e networking, sem grandes ajustes.

Exemplo de gráfico de RADAR

O gráfico ajuda na visualização da distribuição do tempo do líder entre as diferentes áreas e onde ele deseja ajustar seu foco:

O RADAR é uma poderosa ferramenta para o líder monitorar como está dedicando seu tempo e onde precisa ajustar suas prioridades. Ele pode usar essa visão para definir ações práticas, como delegar mais tarefas operacionais, investir mais tempo em sua formação e planejar melhor as decisões estratégicas.

Matriz de Eisenhower

Outra ferramenta simples e prática para gerenciar seu tempo é a Matriz de Eisenhower, que possui 4 quadrantes:

IMPORTANTE	NÃO IMPORTANTE
URGENTE Fazer agora (Prioridades críticas)	**URGENTE** Delegar (Tarefas operacionais)
NÃO URGENTE Planejar (Crescimento e estratégia)	**NÃO URGENTE** Eliminar (Distrações e desperdícios)

Quadrante 1. É importante e urgente: São as atividades que exigem ação imediata e têm um grande impacto no objetivo estratégico.

Quadrante 2. É importante e não urgente: São as atividades de longo prazo que são essenciais para o sucesso, mas não exigem ação imediata.

Quadrante 3. É urgente e não importante: São as atividades que surgem com uma sensação de urgência, mas que têm baixo impacto estratégico e que devem ser delegadas ou automatizadas.

Quadrante 4. Não é urgente, não é importante: São as atividades que não trazem valor significativo e que não são urgentes. Devem ser eliminadas ou minimizadas.

Essa Matriz pode sofrer influência do contexto em que vivemos hoje no mundo corporativo, ou seja, a inteligência artificial pode transformar atividades importantes e não urgentes em ações mais estratégicas e automatizadas, permitindo que o tempo seja utilizado em tarefas que realmente exigem a criatividade humana e a tomada de decisões complexas. As prioridades podem mudar rapidamente, exigindo revisão imediata da Matriz, e as ferramentas da inteligência artificial podem ser grandes aliadas na aceleração das atividades, ajudando no ajuste rápido de prioridades de acordo com as necessidades.

A matriz precisa refletir a necessidade de avaliar continuamente as incertezas e possíveis ameaças externas, como crises de mercado ou avanços tecnológicos disruptivos. Por isso, as habilidades de flexibilidade e adaptabilidade são muito úteis para melhorar a capacidade do líder em responder na velocidade que a mudança exige. Vamos então adaptar a Matriz de Prioridades para a liderança no contexto atual.

Quadrante 1

Urgente e importante: São as tarefas críticas que exigem ação imediata e impactam a equipe e os resultados. O líder deve atuar com foco e decisão. Como?

- Agilizar na solução das crises com o auxílio da IA para análise de dados em tempo real.
- Tomar decisões estratégicas sob pressão, equilibrando agilidade e assertividade.

- Gerenciar possíveis conflitos dentro do time para manter um ambiente produtivo.
- Garantir entregas essenciais dentro do prazo para atingir os objetivos estratégicos.

Quadrante 2

Importante, mas não urgente: São atividades essenciais para o crescimento da equipe e da empresa, mas que podem ser planejadas. O líder deve desenvolver e antecipar o futuro. Como?

- Desenvolver sua equipe em autonomia e visão estratégica, promovendo aprendizado contínuo.
- Criar estratégias com base em Objetivos e Resultados Chave (OKRs), garantindo alinhamento e foco.
- Utilizar IA para prever tendências e tomar decisões baseadas em dados.
- Construir uma cultura de inovação e adaptação, preparando o time para mudanças futuras.

Quadrante 3

Urgente e não importante: São as tarefas operacionais que consomem tempo, mas não precisam ser feitas pelo líder. O líder deve delegar ou automatizar. Como?

- Automatizar processos repetitivos com IA e ferramentas digitais.
- Delegar decisões operacionais ao time, promovendo empoderamento e responsabilização pelo resultado e impacto nas demais áreas da empresa.
- Evitar reuniões desnecessárias e priorizar comunicação assíncrona para evitar interrupções constantes e cada pessoa responde no seu tempo.

- Utilizar metodologias ágeis para simplificar fluxos de trabalho e reduzir desperdícios.

Quadrante 4

Não urgente, não importante: O líder deve eliminar ou minimizar, pois são atividades que não agregam valor e podem ser evitadas. Como?

- Evitar microgestão e confiar mais na equipe.
- Reduzir tempo gasto em tarefas que não contribuem para os objetivos estratégicos.
- Diminuir a dependência de processos burocráticos que atrasam decisões.
- Filtrar informações irrelevantes e focar no que realmente importa para o negócio.

Essa matriz ajuda líderes a equilibrar ação imediata e visão de longo prazo, criando um ambiente produtivo e inovador.

Bem, depois de fazer o seu RADAR e construir sua Matriz de Prioridades, sua vida se tornará mais organizada, e você se sentirá no domínio de sua vida.

Agora, é fazer tudo isso funcionar.

PASSO 3. *Descreva as competências da equipe e avalie a prontidão de cada colaborador*

Atividade 3.1- Listar as competências técnicas e comportamentais necessárias da equipe dos seus sonhos.

Aqui sugiro que você construa o CHA DA EQUIPE para cumprir a missão da área.

O CHA é um modelo que define os três pilares fundamentais para o desempenho de um profissional:

C (Conhccimcnto) + H (Habilidadc) + A (Atitudc) = Competência Profissional

Para que o colaborador seja realmente competente em sua função, não basta apenas saber (Conhecimento), é necessário saber fazer (Habilidade) e, acima de tudo, querer fazer (Atitude).

Quais são os conhecimentos, habilidades e atitudes necessárias para sua equipe performar com excelência? Você pode construir o CHA utilizando o Excel, o Canvas ou outro meio que achar adequado. O importante é definir claramente o CHA de sua equipe.

Conhecimentos	Habilidades	Atitudes

Esse conceito ajuda a estruturar o desenvolvimento de competências, identificando gaps e promovendo o crescimento profissional de forma equilibrada.

O que é conhecimento? (saber)

Refere-se ao conteúdo teórico que um profissional possui sobre um determinado tema. O conhecimento pode ser adquirido por meio de estudos, leitura, cursos, treinamentos e experiência acadêmica. Exemplos de conhecimento: legislação trabalhista, teoria da comunicação assertiva e teoria das metodologias ágeis.

O que é habilidade? (saber fazer)

É a capacidade de aplicar o conhecimento na prática. Representa o "como" o profissional executa uma tarefa, utilizando técnicas e ferramentas para obter resultados. Exemplos de habilidades: Operar uma máquina, conduzir uma entrevista de recrutamento e de desligamento, elaborar e preencher uma planilha Excel, mediar conflitos e negociar. Normalmente desenvolvemos nossas habilidades através de práticas, simulações de situações reais, vivendo uma situação de feedback do gestor, trabalhar em uma atividade propriamente dita.

O que é atitude? (querer fazer)

Refere-se ao comportamento e à disposição do profissional para agir. Sem atitude, o conhecimento e a habilidade perdem valor, pois não são colocados em prática. Normalmente desenvolvemos as atitudes através da consciência e demonstração dos comportamentos que espelham as atitudes esperadas como autoconfiança, responsabilidade, motivação, espírito de equipe, compreensão dos sentimentos do outro, flexibilidade, comprometimento e disposição para aprender e evoluir.

A soma do CHA (C + H + A) representa a necessidade de competência total de um profissional ou de uma equipe.

O CHA é essencial para avaliar o nível de desenvolvimento dos profissionais e estruturar treinamentos e planos de crescimento. Um profissional completo precisa equilibrar conhecimento, habilidade e atitude para alcançar alta performance.

Atividade 3.2 - Avalie a maturidade de cada membro da equipe frente ao CHA

Para avaliar cada colaborador frente ao CHA, quero propor o conceito de nível de maturidade do colaborador da liderança situacional, de Hersey e Blanchard.

A liderança situacional é um modelo de gestão de equipes que propõe a adaptação do estilo de liderança conforme o contexto e o nível de maturidade dos profissionais. Desenvolvida em 1969 por Paul Hersey e Ken Blanchard, essa teoria destaca que um bom líder ajusta seu comportamento de acordo com a capacidade e a disposição de cada liderado. Afinal, o que funciona para um colaborador pode não funcionar para outro!

Maturidade técnica

Refere-se ao nível de conhecimento e habilidades que um profissional tem para desempenhar suas funções com autonomia e qualidade, no qual o colaborador pode ter alta maturidade técnica quando domina as tarefas e precisa de pouca ou nenhuma orientação ou baixa maturidade técnica quando ainda necessita de treinamento, suporte e direcionamento constante.

Maturidade Emocional

Refere-se à autoconfiança, responsabilidade e motivação que o profissional apresenta diante de desafios e compromisso com os resultados. Um colaborador com alta maturidade emocional gerencia bem suas emoções, lida com feedbacks construtivos e mantém a motivação mesmo diante de dificuldades. Já o colaborador com baixa maturidade emocional pode evitar desafios, precisar de reforço constante e reagir mal a críticas.

A teoria sugere que o líder deve ajustar seu estilo de liderança com base na maturidade técnica e emocional do colaborador.

Assim, quando o colaborador tem maturidade:

M1 = Baixa maturidade técnica + baixa maturidade emocional, o líder usa o estilo de liderança diretiva (S1) orientando-o com instruções mais detalhadas, definindo o como fazer e acompanhando passo a passo.

M2 = Baixa maturidade técnica + alta maturidade emocional, o líder usa o estilo de liderança persuasiva (S2), onde vai orientar, porém envolvendo o colaborador na tomada de decisões para desenvolver suas habilidades.

M3 = Alta maturidade técnica + baixa maturidade emocional, o líder usa o estilo de liderança participativa (S3), no qual o líder estimula a autonomia e ajuda a fortalecer a confiança e motivação do colaborador.

M4 = Alta maturidade técnica + alta maturidade emocional, o líder usa o estilo de liderança delegativa (S4) no qual confia no colaborador e por isso delega tarefas e dá liberdade para que ele atinja os resultados com autonomia.

Agora, vamos avaliar o colaborador nos seus conhecimentos, habilidades e atitudes classificando o nível de maturidade em cada item do CHA.

Podemos relacionar a maturidade técnica aos elementos C (conhecimento) e H (habilidade) do modelo CHA, enquanto a maturidade emocional está ligada ao A (atitude).

Para esta avaliação, siga a tabela abaixo:

Modelo de Pontuação de maturidade profissional e performance

Maturidade Profissional	Descrição	Pontuação
M1	Baixa maturidade técnica + baixa maturidade emocional	**NOTA 1**
M2	Baixa maturidade técnica + alta maturidade emocional	**NOTA 2**
M3	Alta maturidade técnica + baixa maturidade emocional	**NOTA 3**
M4	Alta maturidade técnica + alta maturidade emocional	**NOTA 4**

Como aplicar a pontuação?

Avaliação individual. Avalie cada colaborador com base nos critérios de conhecimento, habilidade e atitude, e atribua uma nota de 1 a 4.

Identificação de gaps. Colaboradores com nota 1 e 2 precisam de treinamento e suporte; colaboradores com nota 3 precisam de encorajamento e apoio emocional e os colaboradores com nota 4 podem caminhar sozinhos e assumir maiores responsabilidades.

Plano de desenvolvimento. Para nota 1 e 2, foque em aumentar o conhecimento, as habilidades práticas e desenvolver a confiança. Para nota 3 e 4, estimule o crescimento em coragem para correr riscos, protagonismo, autonomia e inovação.

Veja um exemplo de avaliação do CHA da área de Recrutamento e Seleção - RH.

Modelo: Ficha de Avaliação do CHA – R & S - RH

Nome do colaborador:

Critério	Descrição	Nota (1 a 4)	Comentários
Conhecimento(C)	• Domínio das técnicas de recrutamento e seleção. • Conhecimento sobre leis trabalhistas e políticas de diversidade. • Conhecimento em ferramentas de avaliação de candidatos. • Conhecimento sobre o mercado de trabalho.	1 4 1 3	
Habilidade (H)	• Condução de entrevistas eficazes. • Realização de triagem e filtros de currículos. • Utilização de ferramentas de recrutamento, como plataformas. • Capacidade de negociação com candidatos e gestores.	1 3 3 2	
Atitude (A)	• Proatividade no recrutamento e seleção. • Capacidade de lidar com pressão e prazos. • Empatia e comunicação eficaz. • Postura ética e profissional. - Disposição para aprender e melhorar.	4 2 2 4 4	

Média total = 2,6 Meta de desenvolvimento = 4,0

Média total = 2,6

Meta de desenvolvimento = 4,0

Classificação por nível de maturidade profissional

Cada critério será avaliado com base no nível de maturidade técnica e emocional do colaborador, conforme a seguinte classificação:

- M1 = Nota 1
- M2 = Nota 2
- M3 = Nota 3

- M4 = Nota 4

A nota final será a média das notas.

Você pode usar a média final das notas como um estímulo para criar uma meta de desenvolvimento. Exemplo: suponhamos que a nota final foi 2. Você pode negociar para os próximos 6 meses um crescimento para 3.

Você pode fazer essa negociação de metas por itens avaliados. Exemplo: Habilidade para conduzir uma entrevista de seleção com nota 2 e meta de crescimento para 4, em um mês.

Quem faz a avaliação do CHA?

Juntos, o líder e o colaborador devem discutir cada item e ir negociando a nota correspondente ao nível de maturidade. Depois de totalmente preenchido, devem negociar a meta de crescimento que será perseguida por um determinado tempo a ser combinado.

Com o CHA preenchido e avaliado, você terá plena condição de, juntos, construírem um PDI – Plano de Desenvolvimento Individual.

Plano de Desenvolvimento Individual

Área a Desenvolver	Ações Propostas	Prazo	Responsável
Entrevistas mais assertivas	Participar de um treinamento de técnicas de entrevistas por competências.	3 meses	Líder de RH
Automatização do sistema recrutamento	Prática com novas funcionalidades do sistema de recrutamento utilizado.	2 meses	Colaborador

PASSO 4. *Pratique a delegação e alinhe expectativas com cada colaborador*

Vimos que cada membro do time tem um nível diferente de maturidade profissional. O líder precisa garantir que o desenvolvimento seja contínuo e estruturado para que todos evoluam.

Neste passo, sua tarefa é:

1. Listar as atividades que você pretende delegar.

2. Avaliar quais são os conhecimentos, habilidades e atitudes necessárias para desenvolver essas atividades que você quer delegar.

3. Avaliar a maturidade dos seus colaboradores para as novas tarefas e decidir para quem delegar e qual postura adotará, lembrando que,

dependendo da maturidade do colaborador, o líder deve usar um estilo diferente e adequado.

Critérios para delegar

M1: Baixa maturidade técnica + baixa maturidade emocional

Nunca passou por aquela atividade, não conhece, nunca viu, não tem expertise. O risco é alto pela falta de experiência, e ele não consegue fazer sozinho. Portanto, não é hora de delegar. É hora de simplesmente executar, dirigir, e fazer para que ele observe, ou fazer junto com ele, passo a passo.

Se seu liderado está neste estágio de maturidade, sua ação é... FAZER!

M2: Baixa maturidade técnica + alta maturidade emocional

Por ter pouca experiência para a atividade e riscos envolvidos, não podemos deixá-lo fazer sozinho. Aproveite a experiência que ele possui, converse sobre como realizará cada passo da tarefa, agregue com sua experiência, combine pontos de monitoramento para que não caminhe muito e tenha retrabalho.

Se seu liderado está neste estágio de maturidade, sua ação é... TREINAR!

M3: Alta maturidade técnica + baixa maturidade emocional

Aqui, seu liderado apresenta mais maturidade na atividade. O risco também diminui, porém você ainda precisa participar da fase da criação. Precisa entender de que forma as tarefas serão feitas. É você pensando junto e deixando-o fazer para que se sinta mais seguro.

Se seu liderado está neste estágio de maturidade, sua ação é... APOIAR!

M4: Alta maturidade técnica e emocional

Aqui estamos falando de uma situação de risco baixo e alta competência do seu liderado. Agora chegou a hora de delegar. Aqui, você já entende que seu liderado é suficientemente competente para fazer o que precisa ser feito para que os resultados sejam alcançados. Portanto, apenas o assiste fazer, se colocando à disposição para que o liderado se sinta valorizado.

Se seu liderado está neste estágio de maturidade, sua ação é... DELEGAR!

Com esses conceitos em mente, avalie a atividade versus a maturidade do colaborador para quem você quer delegar e planeje suas ações de desenvolvimento da equipe como um todo.

Importante lembrar que todo esse processo deve ser feito junto com a equipe. O comprometimento e engajamento do colaborador dependem de quanto ele se sentirá responsável pelo seu próprio desenvolvimento e crescimento na carreira.

PASSO 5. *Revise os processos de trabalho com a equipe*

O líder deve garantir que os processos da equipe sejam eficientes, alinhados aos objetivos estratégicos e sustentáveis no longo prazo.

- Reúna-se com cada colaborador e peça feedback sobre o que está funcionando bem e o que pode ser melhorado no processo de execução do trabalho.
- Avalie os recursos necessários para o liderado realizar seu trabalho com eficácia.
- Juntos, resolvam os gargalos e acompanhe se as mudanças feitas foram bem-sucedidas.

O segredo está em entender que os processos não são inimigos da autonomia, mas sim um meio para garantir clareza, eficiência e qualidade, permitindo que as equipes atuem com liberdade dentro de um direcionamento estruturado.

- Processos servem como guias, garantindo que cada colaborador saiba "o que" precisa ser feito, mas tendo liberdade para decidir "como" fazer da melhor forma dentro dos padrões estabelecidos.
- Um bom processo evita que todas as decisões dependam do líder, liberando-o para atuar estrategicamente.
- O processo não é um fim, mas um meio para garantir que todos saibam o que precisa ser feito e qual é o impacto do trabalho de cada um.

O líder atua como um facilitador, garantindo que os processos sejam ferramentas de empoderamento, não de controle excessivo. Na verdade, processos devem evoluir junto com a equipe. Um time maduro pode ter processos mais flexíveis, enquanto times menos experientes precisam de mais estrutura.

PASSO 6. *Faça o acompanhamento da evolução e crescimento do colaborador*

Acompanhar o desempenho individual e coletivo da equipe garante que todos estejam alinhados e em constante evolução. O líder deve:

- Definir metas e indicadores claros para avaliação de desempenho.
- Realizar feedbacks periódicos e construtivos.
- Reconhecer conquistas e corrigir desvios de rota rapidamente.

A forma como o líder conduz as reuniões de alinhamento e feedback é determinante para o desenvolvimento da equipe e o alcance de resultados. Mais do que um processo técnico, a gestão de desempenho é um momento que reflete o comportamento e a comunicação do líder.

Um líder assertivo sabe que não basta apenas mostrar a direção, é preciso construir um ambiente onde as pessoas se sintam ouvidas, desafiadas e motivadas a evoluir. A maneira como as mensagens são transmitidas pode impulsionar o crescimento da equipe ou minar totalmente a confiança e o engajamento. Um fator importante é a intenção na comunicação do líder, que deve ser "ganhar junto com o outro", para que o feedback seja entendido como presente e não como punição.

Além disso, o acompanhamento contínuo é essencial. Não basta definir metas e planos de desenvolvimento individual (PDI) se o líder não acompanhar a evolução de cada colaborador e a performance da equipe como um todo. O verdadeiro impacto do feedback está na continuidade, na clareza das expectativas e no suporte dado para que cada colaborador possa aprimorar suas competências e contribuir de forma mais estratégica.

Esse passo mereceu um destaque especial no capítulo 12, onde exploramos como líderes alinham expectativas, oferecem feedbacks eficazes e desenvolvem uma cultura de alta performance baseada no acompanhamento e na evolução constante.

PASSO 7. *Comemorar pequenas e grandes conquistas*

Um líder assertivo entende que o reconhecimento é um poderoso impulsionador de desempenho e motivação. Celebrar tanto as pequenas quanto as grandes conquistas reforça o senso de progresso, engajamento e pertencimento da equipe.

- O reconhecimento pode ser individual, valorizando esforços e superações pessoais, ou coletivo, destacando o impacto do trabalho em equipe.
- Pequenos rituais de comemoração, feedbacks positivos e momentos de apreciação criam um ambiente mais motivador e fortalecem a cultura de alta performance.
- A liderança assertiva utiliza a celebração como uma estratégia para reforçar comportamentos positivos, manter o time engajado e fortalecer o espírito colaborativo.

Este roteiro deve ser revisitado periodicamente e, principalmente, todo início de ano, podendo fazer alterações e inovações necessárias.

Crie um documento para registro da identidade da equipe, de forma que cada novo colaborador que entrar em sua área possa se integrar ao funcionamento da equipe.

Bom trabalho!

14. JUNTANDO TUDO: CONSTRUA SEU PLANO DE AÇÃO E FORTALEÇA SUA LIDERANÇA

O código da liderança assertiva revelado

Chegamos ao final desta jornada de aprendizado e transformação. A liderança assertiva não é apenas um conjunto de técnicas, mas um verdadeiro código de conduta que orienta líderes a construírem ambientes saudáveis, produtivos e inspiradores.

Ser um líder assertivo nos novos tempos significa ser estratégico e usar as competências da inteligência emocional, comunicação assertiva e mentalidade ágil para desenvolver uma equipe com pessoas saudáveis e felizes, pois o papel do líder é cuidar de pessoas, e elas darão os melhores resultados.

Ao longo deste livro, você explorou o conceito de liderança assertiva como um diferencial poderoso. Em um mundo de mudanças constantes, aqueles que dominam esse código se destacam por sua capacidade de liderar com confiança, inspirar equipes e alcançar grandes resultados.

Ao escrever O Código da Liderança Assertiva, utilizei a empatia como estratégia essencial. Mentalmente, coloquei-me no lugar do líder contemporâneo, imerso em um contexto de transformação acelerada, onde inovação constante, métodos disruptivos e novos paradigmas exigem flexibilidade e abertura para mudanças.

As inovações tecnológicas avançam em um ritmo cada vez mais veloz, e preparar nossas equipes para serem os profissionais do futuro é um desafio que precisa ser encarado com determinação e inteligência. Mais do que nunca, liderar significa orientar, inspirar e capacitar pessoas para navegar nesse cenário dinâmico, extraindo o melhor de si e dos outros.

Espero que este livro tenha esclarecido suas curiosidades sobre o papel da liderança assertiva e, mais do que isso, tenha despertado em você o desejo de buscar constantemente novas ferramentas e conhecimentos que o mundo nos oferece. A gestão de resultados e de pessoas exige aprendizado contínuo, e aqueles que se dispõem a evoluir sempre encontrarão caminhos para liderar com mais impacto e significado.

Escrever este livro foi também uma jornada pessoal de gratidão. Após 40 anos de vivências intensas na gestão de pessoas e desenvolvimento humano, acompanhei a evolução da tecnologia e do comportamento humano, sempre me desafiando a compreender e a me adaptar às novas exigências do mundo do trabalho. Compartilhar esse conhecimento é, para mim, um propósito de vida. E saber que posso contribuir para que mais líderes estejam preparados para esse novo cenário é uma realização imensa.

Agora, o verdadeiro desafio começa: colocar em prática tudo o que foi aprendido. A transformação não acontece da noite para o dia, mas cada passo dado em direção à assertividade fortalece sua liderança e impacta positivamente sua equipe e sua organização.

Plano de ação: coloque sua liderança em movimento

Agora é o momento de transformar conhecimento em ação. Depois de desvendar O Código da Liderança Assertiva, é hora de estruturar seu Plano de Desenvolvimento Individual (PDI) e aplicar o passo a passo apresentado neste capítulo.

Reflita sobre os conceitos que explorou e planeje estrategicamente cada um dos sete passos para construir e engajar sua equipe, garantindo um alinhamento poderoso com sua equipe.

Para potencializar esse processo, convide seus colaboradores a ler este livro e promova uma reunião para discutir os principais aprendizados. Dessa forma, todos estarão na mesma página e se tornarão parceiros na construção de uma equipe sólida e alinhada ao propósito maior da empresa.

Para facilitar seu planejamento, utilize o resumo do roteiro dos sete passos descritos no capítulo anterior.

Os 7 passos para construir e engajar sua equipe

Passo 1: Construa a identidade da equipe

- Defina seu propósito como líder e inspire sua equipe.
- Reúna-se com o time para alinhar missão, visão, objetivos e comportamentos esperados.

Passo 2: Gerencie seu tempo e avalie sua efetividade pessoal

- Preencha seu RADAR de produtividade e observe como distribui seu tempo em cinco dimensões ao longo de uma semana.
- Replaneje sua rotina para otimizar seu desempenho e liderança.

Passo 3: Avalie e desenvolva as competências da equipe

- Utilize o modelo CHA (Conhecimentos, Habilidades e Atitudes) para mapear as competências essenciais para atingir os objetivos da área.
- Avalie a maturidade de cada colaborador e crie um plano de desenvolvimento para preencher eventuais lacunas.

Passo 4: Pratique a delegação e alinhe expectativas

- Identifique o que e para quem delegar, considerando a maturidade dos colaboradores.
- Reúna-se individualmente com cada membro do time para que ele se autoavalie no CHA e, juntos, alinhem um plano de desenvolvimento.

- Delegue progressivamente e acompanhe o crescimento de cada profissional.

Passo 5: Revise e otimize os processos de trabalho

- Solicite feedback do time sobre o que funciona bem e o que pode ser melhorado.
- Avalie se os recursos necessários para a execução do trabalho estão adequados.
- Resolva gargalos e acompanhe o impacto das mudanças.

Passo 6: Acompanhe a evolução e o crescimento da equipe

- Planeje reuniões de feedback regulares para avaliar os resultados do PDI.
- Releia o capítulo 12 para reforçar boas práticas de feedback e alinhamento de expectativas.

Passo 7: Celebre conquistas e fortaleça a cultura do reconhecimento

- Liste as principais conquistas da equipe e promova momentos de celebração mensalmente.
- No início de cada ano, revise esse roteiro, ajustando e inovando conforme necessário.

Seu próximo passo: Estruture o legado da sua equipe

Para consolidar esse processo, crie um documento que registre a identidade da equipe. Isso ajudará novos colaboradores a se integrarem rapidamente e manterá os princípios e valores do time sempre vivos.

Agora, o código está em suas mãos. Aplique cada aprendizado e fortaleça sua liderança!

Lembre-se: liderança assertiva é uma jornada contínua de evolução. Permita-se crescer, aprender e se aprimorar a cada dia.

Depois de ler este livro e colocar em prática o código da liderança assertiva, você nunca mais será o mesmo, porque ser assertivo é virar a chave para uma mentalidade diferente de ser, pensar e sentir.

É uma filosofia de vida, porque ser assertivo é decidir viver na sua plenitude, em contato direto com sua essência, descobrindo suas imperfeições e suas maiores virtudes.

Se você chegou até aqui, parabéns! Isso significa que está comprometido com seu desenvolvimento como líder assertivo. Agora, convido você a compartilhar esse conhecimento com sua equipe, a trocar experiências e a continuar sua jornada de crescimento. Afinal, grandes líderes não apenas se desenvolvem, mas também inspiram outros a evoluir.

Siga em frente, com coragem e consciência do seu papel. O futuro pertence aos que ousam aprender, se transformar e liderar com autenticidade.

Contatos da autora

Siga a jornada

Se você quiser conversar comigo, é só me chamar pelo email vera@vera-martins.com.

E também me acompanhe nas redes sociais, através dos endereços:

- **LinkedIn**: vera-martins-assertiva
- **YouTube**: veramartins
- **Instagram**: veramartinsoficial
- **Site**: www.vera-martins.com

Com gratidão,
Vera Martins

Posfácio

Se você deseja ser, de fato, um líder capaz de obter mais e melhores resultados com a sua equipe, este livro é para você.

Vera Martins, precursora do conceito de Assertividade no mundo corporativo, apresenta sólida fundamentação científica para o conceito de Liderança Assertiva. Vera, notável especialista em desenvolvimento de líderes, mostra os meios práticos para que um líder consiga obter o equilíbrio entre o foco nas pessoas, o foco nos resultados e na utilização da tecnologia, coordenando várias gerações de profissionais num ambiente mutante e imprevisível.

Neste livro, você encontra o passo a passo seguro para a formação e a condução de equipes de alta performance, tão demandadas no mundo de hoje. Com a leitura deste livro e a aplicação de suas orientações, certamente, você vai aumentar a sua empregabilidade.

José Augusto Minarelli

Conselheiro de Carreira para Executivos

Presidente da Lens & Minarelli Associados – Consultoria de Outplacement e Transição de Carreira

Referências bibliográficas

- Botsman, Rachel – *Who Can You Trust?* USA: Penguin General UK, 2018.

- Boyatzis, Richard; Smith, Melvin; Oosten, Ellen Van – *Ajudando pessoas a mudar: Coaching com compaixão para aprendizado e crescimento permanentes* (tradução Michela Korytowski). Rio de Janeiro: Alta Books, 2022.

- Brackett, Marc – *Permissão para sentir* (tradução Lívia de Almeida). Rio de Janeiro: Sextante, 2021.

- Brown, Brené – A coragem de ser imperfeito (tradução Joel Macedo). Rio de Janeiro: Sextante, 2016.

- Dweck,Carol S. Mindset (tradução S.Duarte) São Paulo: Objetiva, 2017.

- Epiteto – *O Manual de Epiteto e uma seleção de discursos* (traduzido por Fabio Menezes Santos). Jandira-SP: Principis, 2021.

- Goleman, Daniel – *Liderança: a inteligência emocional na formação de um líder*.

- Goleman, Daniel – *O Cérebro e a inteligência emocional: Novas perspectivas* (tradução Carlos Leite da Silva). Rio de Janeiro: Objetiva, 2012.

- Hackman, J. Richard – *Leading Teams: Setting the Stage for Great Performances*. Boston: Harvard Business Review Press, 2002.

- Kahneman, Daniel – *Rápido e Devagar: duas formas de pensar* (tradução Cássio de Arantes Leite). Rio de Janeiro: Objetiva, 2012.

- Kepler, João; Oliveira, Tiago – *Os segredos da gestão ágil por trás das empresas valiosas*. São Paulo: Editora Gente, 2019.

- Lencioni, Patrick – *Os 5 Desafios das Equipes: Uma História sobre Liderança*. Rio de Janeiro: Editora Sextante, 2015.

- Martin Seligman – *Felicidade Autêntica*.

- Martins, Vera – *O Emocional Inteligente: Como usar a razão para equilibrar a emoção*. Rio de Janeiro: Alta Books, 2015.

- Martins, Vera – *Seja Assertivo! Como conseguir mais autoconfiança e firmeza na sua vida profissional e pessoal*. Rio de Janeiro: Alta Books, 2016.

- McKeown, Greg – Essencialismo – A disciplinada busca por menos (tradução Beatriz Medina). Rio de Janeiro: Sextante, 2015.

- Rock, David – *Liderança tranquila: Não diga aos outros o que fazer: ensine-os a pensar!* (tradução Marcia Nascentes). Rio de Janeiro: Alta Books, 2006.

- Rosenberg, Marshall B. – *Comunicação Não Violenta: Técnicas para aprimorar relacionamentos pessoais e profissionais* (tradução Mario Vilela). São Paulo: Ágora, 2006.

- Schein, Edgar H.; Schein, Peter – *Cultura Organizacional e Liderança*. São Paulo: Editora Atlas, 2022.

- Schutz, Will – *Profunda Simplicidade – Uma Nova Consciência do Eu Interior* (tradução Maria Silvia Mourão Netto). São Paulo: Ágora, 1989.

- Shirzad Chamine – *Inteligência Positiva*. (tradução Regiane Winarski)São Paulo: Fontanar, 2013.

- Sinek, Simon – *Start with Why: How Great Leaders Inspire Everyone to Take Action*. New York: Portfolio, 2009.

- Sinek, Simon; Mead, David; Docker, Peter – *Encontre seu porquê* (tradução Marcelo Schild). Rio de Janeiro: Sextante, 2018.

Este livro foi impresso nas oficinas gráficas da Editora Vozes Ltda.,
Rua Frei Luís, 100 – Petrópolis, RJ.